kochen & genießen

Aufläufe und Gratins

kochen & genießen

AUFLÄUFE und GRATINS

MOEWIG

Die Ratschläge in diesem Buch wurden von Autoren und Verlag sorgfältig erwogen und geprüft, dennoch kann eine Garantie nicht übernommen werden.
Eine Haftung der Autoren bzw. des Verlags für Personen-, Sach- und Vermögensschäden ist ausgeschlossen.

Moewig ist ein Imprint der Edel Germany GmbH
© Edel Germany GmbH, Hamburg

www.moewig.de | www.edel.de

Redaktion kochen & genießen
Gertraud Schwillo (Chefredaktion)
Anette Sabersky (Konzeption und Text)
Maike Bauer, Heidrun Bobeth, Stefanie Gerber,
Irmgard Krüger, Monika Lamping, Sophie Mehrkens,
Kathrin Schmuck, Hanne Tauscher

Layout: Marion Müller „mal 3“

Fotos: City Food & Foto, Hamburg

Printed in Germany

ISBN 978-3-86803-418-9

Goldbraune Hits aus dem Ofen!

Mit diesen „vielschichtigen" Ofengerichten aus kochen & genießen sorgen Sie garantiert für große Begeisterung. Denn in diesem Buch bieten wir Ihnen eine Fülle an Rezept-Ideen für jeden Geschmack, jede Gelegenheit und jeden Geldbeutel: zum Beispiel preiswerte Aufläufe, raffinierte Gratins, herzhafte Braten, feine Fischgerichte – bis hin zu süßen Naschereien. Da werden Sie ganz sicher auch Ihr Lieblings-Rezept finden!

Schon der köstliche Duft von goldbraun Gebackenem wird alle anlocken. Und bereits nach den ersten Bissen werden Ihre Lieben davon schwärmen, wie gut es ihnen schmeckt.

Das Gute an den leckeren Gerichten aus der Form ist außerdem, daß sie sehr praktisch sind, da sich vieles schon prima vorbereiten läßt. Und während die Speisen im Ofen vor sich hinbrutzeln, haben Sie Zeit für andere Dinge: für sich selbst, für Ihr Kind, das aus der Schule kommt. Oder auch für Ihre Gäste, die Sie dann total entspannt begrüßen können.

Daß alle Gerichte bestens gelingen, darauf können Sie sich wie immer bei kochen & genießen verlassen: Schließlich haben wir sie in unserer Versuchsküche entwickelt und getestet.

Viel Spaß beim Kochen und guten Appetit!

Ihre Redaktion
kochen & genießen

Aufläufe & Ofengerichte

Was gibt es Schöneres als ein köstlich duftendes Gericht aus dem Ofen? Ob Auflauf, Gratin oder pikanter Kuchen – sie sind für eine unkomplizierte Alltagsküche wie auch als leckeres Gästeessen gleichermaßen ideal

Aus dem Of Tisch – wu

AUF EINFACHE ART ETWAS KÖSTLICHES ZAUBERN

Aufläufe und Gratins sind bei jung und alt beliebte Gerichte. Ob mit Nudeln oder Kartoffeln, frischem Gemüse, Wurst, Schinken oder Hack – der Vielfalt sind keine Grenzen gesetzt. Dabei lassen sich die „Vielschichtigen" meist sehr gut vorbereiten. Nudeln oder Kartoffeln kann man vorkochen, Gemüse blanchieren und das Fleisch anbraten. Die Eiermilch oder Béchamelsoße zum Binden wird fix und fertig gerührt; darübergegossen wird sie aber erst, wenn der Auflauf in den Backofen kommt.

Auch bei einem saftigen Schweine- oder Lammbraten, bei knusprigem Geflügel, feinem Fisch oder herzhaftem Gemüsekuchen kann niemand widerstehen. Pizzas, mit Salami oder Käse belegt, oder süße Hauptgerichte mit Milchreis und Obst sind bei Kindern der Hit. Da bleibt sicher kein Happen übrig!

Ohne Käse läuft gar nichts

Was wären Aufläufe und Gratins ohne Käse? Doch auch überbackenes Gemüse, Pizzas und herzhafte Kuchen sind mit Käse nochmal so lecker. Optimal sind würzige Sorten wie mittelalter Gouda, Tilsiter, Raclette oder Butterkäse,

GUT IN FORM MIT GLAS, KERAMIK & METALL

Egal ob rund, oval, rechteckig, flach oder hoch – Formen für den Backofen müssen vor allem eins aushalten: Temperaturen bis 250 °C (Umluft: 225 °C / Gas Stufe 4–5). Metall leitet die Wärme am besten. Die Garzeit verkürzt sich evtl. etwas, die Speisen bleiben in den Formen aus Edelstahl, Gußeisen und emailliertem Gußeisen besonders lange warm. Für große Mengen eignet sich auch die Fettpfanne des Backofens. In Porzellan-, Steingut- und Keramikformen garen Gerichte sanfter. Darum bleiben z. B. Aufläufe innen schön saftig, erhalten aber auch eine tolle Kruste. Glas verhält sich im Ofen ähnlich wie Keramik, hat aber den Vorteil, daß man von außen sehen kann, was drinsteckt.

SO GELINGT ALLES LEICHT UND SCHMECKT

- Stellen Sie sich alle **Lebensmittel, Geräte, Töpfe und Formen** bereit, die Sie benötigen. Heizen Sie den **Backofen** vor.
- **Vorbereitete Soßen,** die nach dem Erkalten zu dick geworden sind, mit etwas Brühe, Milch oder Sahne wieder cremig rühren.
- Den Rand der Auflaufform **nach dem Einfüllen säubern,** Speisereste verbrennen leicht und sehen nicht appetitlich aus!
- **Käsekrusten** sollten beim Überbacken nicht zu dunkel werden, denn dann schmeckt der Käse leicht bitter. Also: Wenn der **richtige Bräunungsgrad** erreicht, die Garzeit aber noch nicht um ist, die Oberfläche bis zum Fertiggaren mit Pergamentpapier abdecken. Bei Umluft besser Alufolie nehmen, da Papier „wegfliegt".

n auf den nderbar !

denn sie schmelzen gut und geben dem Auflauf eine pikante Note. Da Schnittkäse wie Gouda oft weicher sind als Hartkäse wie Emmentaler oder Bergkäse (Comté, Greyerzer), kann man sie vor dem Reiben kurz ins Gefrierfach legen. Aber nicht durchfrieren, da viele Sorten dann leicht bitter schmecken. Für Raffinesse sorgt Weichkäse mit Blauschimmel, für cremige Hauben milder Mozzarella. Bequem geht's mit Käseraspeln aus der Tüte.

Frisch am allerbesten

Fleisch und Geflügel für saftige Braten und Fisch für feine Ofengerichte kauft man am besten frisch im Fachgeschäft oder an der Theke des Supermarktes. Dort gibt's genau die Mengen, die man benötigt. Lamm finden Sie in guter Qualität in der Tiefkühltruhe.

Gemüse immer knackig

Broccoli, Erbsen, Möhren, Zucchini & Co. schmecken am besten ganz frisch. Wenn's mal Schnell gehen muß, sind TK-Gemüse und -Kräuter eine gesunde Alternative. Auch frisches Obst ist unschlagbar. Doch im Winter sind TK-Früchte und Obst aus dem Glas oder aus der Dose für Süßspeisen preiswert und praktisch.

GUTE „RESTEVERWERTUNG"

Nudeln, Reis oder Kartoffeln vom Vortag können in einem Auflauf noch einmal groß herauskommen. Einfach z. B. mit Gemüse und Schinken in eine Auflaufform geben, eine Eiermilch darübergießen – fertig. Reis eignet sich hervorragend für süße Aufläufe mit Obst. „Reste" vom Braten lassen sich u. a. mit TK-Erbsen oder TK-Spinat, Béchamelsoße und Käsefix zu einem Auflauf verarbeiten. Ein frischer Salat dazu – und das Essen ist komplett!

Hauptsac

Porree-Auflauf mit Kartoffelstiften

Zutaten für 4 Personen:

- 1 kg große festkochende Kartoffeln
- 750 g Porree (Lauch)
- 600 g ausgelöstes Kasseler-Kotelett
- 2 EL Öl
- Salz
- weißer Pfeffer
- 1–2 TL getrockneter Thymian
- Fett für die Form
- 400 ml Milch
- 5 Eier
- 4–5 EL (50 g) geriebener Gouda-Käse

1. Kartoffeln schälen, waschen und in Stifte schneiden oder grob

hobeln. Porree putzen, waschen und in Ringe schneiden. Kasseler waschen, trockentupfen und würfeln.

2. 1 EL Öl in einer großen Pfanne erhitzen. Kasselerwürfel darin kurz anbraten, herausnehmen. 1 EL Öl in der Pfanne erhitzen und die Hälfte Kartoffelstifte anbraten, würzen. Porree zufügen und unter Wenden ca. 2 Minuten mitbraten. Evtl. würzen und alles mit dem Kasseler mischen.

3. Kartoffelmischung in eine große gefettete Auflaufform füllen. Restliche Kartoffelstifte darauf verteilen. Milch, Eier und Hälfte Käse verquirlen. Mit Salz und Pfeffer würzen und über den Auflauf gießen. Rest Käse darüberstreuen. Im vorgeheizten Backofen (E-Herd: 200 °C / Umluft: 175 °C / Gas: Stufe 3) 50–60 Minuten knusprig braun backen.

Zubereitungszeit ca. 1½ Std.
Pro Portion ca. 660 kcal / 2770 kJ.
E 50 g, F 31 g, KH 40 g

he Kartoffeln

Kleine Knollen ganz groß

Kartoffel-Möhren-Gratin zu Hähnchenbrust

Zutaten für 4 Personen:

- 750 g festkochende Kartoffeln
- 375 g Möhren
- ⅛ l Milch
- 200 g Schlagsahne
- 1–2 TL Gemüsebrühe (Instant)
- Salz
- Pfeffer
- geriebene Muskatnuß
- Fett für die Form
- 75 g Greyerzer- oder Emmentaler-Käse
- 2–3 Stiele frischer oder 1 TL getrockneter Thymian
- 4 Hähnchenfilets (à ca. 100 g)
- 1 EL Öl
- Petersilie zum Garnieren

1. Kartoffeln und Möhren schälen und waschen. Das Gemüse in sehr dünne Scheiben schneiden.

2. Milch und Sahne verrühren. Mit Brühe, Salz, Pfeffer und Muskat würzen. Das Gemüse in eine gefettete Gratinform schichten. Mit der Milch-Mischung begießen. Im vorgeheizten Backofen (E-Herd: 175 °C / Umluft: 150 °C / Gas: Stufe 3) 50–60 Minuten backen.

3. In der Zwischenzeit Käse fein reiben. Frischen Thymian waschen und Blättchen abzupfen. Käse und Thymian nach der Hälfte der Garzeit über das Gratin streuen.

4. Fleisch waschen und mit Salz und Pfeffer würzen. Öl erhitzen. Hähnchenfilets von jeder Seite 4–5 Minuten goldbraun braten. Aufschneiden und mit dem Kartoffel-Möhren-Gratin anrichten. Mit Petersilie garnieren.

Zubereitungszeit ca. 1¼ Std.
Pro Portion ca. 550 kcal / 2310 kJ.
E 31 g, F 30 g, KH 40 g

Kartoffel-Auflauf mit Haselnußkruste

Zutaten für 4 Personen:

- 750 g festkochende Kartoffeln
- 2 mittelgroße Stangen Porree (Lauch)
- 250 g Champignons
- 1 EL Öl
- Salz
- schwarzer Pfeffer
- 50 g mittelalter Gouda-Käse
- 2 Eigelb
- 300 g saure Sahne
- geriebene Muskatnuß
- Fett für die Form
- 30 g gehackte Haselnüsse

1. Kartoffeln waschen und ca. 20 Minuten kochen. In der Zwischenzeit Porree und Pilze putzen, waschen und in Scheiben

schneiden. Im heißen Öl andünsten. Mit Salz und Pfeffer kräftig würzen.

2. Käse fein reiben und mit Eigelb und Sahne verrühren. Mit Salz, Pfeffer und Muskat würzen.

3. Kartoffeln abschrecken, schälen und etwas abkühlen lassen. In Scheiben schneiden. Mit dem Gemüse in eine gefettete Auflaufform schichten. Käsesahne darübergießen und mit Haselnüssen bestreuen.

4. Auflauf im vorgeheizten Backofen (E-Herd: 175 °C / Umluft: 150 °C / Gas: Stufe 2) ca. 40 Minuten goldbraun backen.

Zubereitungszeit ca. 1¼ Std.
Pro Portion ca. 410 kcal / 1720 kJ.
E 16 g, F 21 g, KH 36 g

Kartoffeln mit Quark-Ei-Haube

Zutaten für 3–4 Personen:

- 1 Kohlrabi (ca. 350 g)
- 375 g Möhren
- 500 g festkochende Kartoffeln
- Fett für die Form
- Salz
- weißer Pfeffer
- 1 TL Gemüsebrühe (Instant)
- 150 g Schlagsahne
- 2 Eier (Gr. M)
- 200 g Magerquark
- geriebene Muskatnuß
- 1–2 EL Öl
- 8–12 kleine Rostbratwürstchen
- evtl. Petersilie zum Garnieren

1. Gemüse und Kartoffeln schälen, waschen, in dünne Scheiben schneiden. In eine flache gefettete Auflaufform schichten, würzen. Brühe in 200 ml heißem Wasser auflösen. Mit Sahne mischen, über das Gemüse gießen. Im vorgeheizten Backofen (E-Herd: 200 °C/ Umluft: 175 °C / Gas: Stufe 3) 35–45 Minuten backen.

2. Inzwischen Eier trennen. Eiweiß steif schlagen. Quark und Eigelb verrühren, mit Salz, Pfeffer und Muskat würzen. Eischnee vorsichtig darunterheben.

3. Auflauf herausnehmen. Ofen hochschalten (E-Herd: 225 °C/ Umluft: 200 °C / Gas: Stufe 4) und Quarkmasse auf dem Auflauf verteilen. Ca.10 Minuten überbacken, bis die Quarkhaube goldgelb ist.

4. Öl erhitzen. Bratwürstchen darin ca. 10 Minuten braten. Zum Auflauf servieren. Mit Petersilie garnieren.

Zubereitungszeit ca. 1¼ Std.
Pro Portion ca. 560 kcal / 2350 kJ.
E 28 g, F 37 g, KH 24 g

EXTRA-TIP

Etwas sahniger und würziger schmeckt der Kartoffelauflauf, wenn Sie die Soße mit Doppelrahm-Frischkäse mit Kräutern (60 % Fett) anstelle von Magerquark zubereiten.

Überbackene Käse-Kartoffeln

Zutaten für 4 Personen:

- 1,2–1,5 kg kleine vorwiegend festkochende Kartoffeln
- Fett für die Form
- 200 ml Milch
- 3 Eier (Gr. M)
- Salz
- weißer Pfeffer
- geriebene Muskatnuß
- 150 g mittelalter Gouda-Käse
- ½ Töpfchen/Bund Kerbel oder Petersilie

1. Kartoffeln waschen und in Wasser ca. 15 Minuten kochen. Kartoffeln abgießen, kalt abschrecken und die Schale abziehen.

2. Eine große, flache Auflaufform fetten. Kartoffeln nebeneinander hineinlegen. Milch und Eier mit einem Schneebesen verschlagen. Mit Salz, Pfeffer und Muskat kräftig würzen und gleichmäßig über die Kartoffeln gießen.

3. Käse auf einer Haushaltsreibe grob reiben und über die Kartoffeln streuen. Die Käse-Kartoffeln im vorgeheizten Backofen (E-Herd: 200 °C / Umluft: 175 °C/ Gas: Stufe 3) ca. 20 Minuten backen, bis sie eine goldgelbe Kruste haben.

4. Kerbel oder Petersilie waschen und Blättchen abzupfen. Bis auf einen Rest grob hacken. Käse-Kartoffeln aus dem Ofen nehmen und mit Kräutern bestreuen. Mit dem Rest Kräuter garnieren.

Zubereitungszeit ca. 1 Std.
Pro Portion ca. 390 kcal / 1630 kJ.
E 26 g, F 18 g, KH 29 g

EXTRA-TIP

Die Käse-Kartoffeln ergeben auch einen herzhaften Imbiß oder eine Beilage zu Fleisch. Lecker dazu schmecken magere Koteletts, Frikadellen oder einfach Würstchen.

Gratinierte Rahm-Kartoffeln

Zutaten für 4 Personen:

- 800 g kleine vorwiegend festkochende Kartoffeln
- 2 mittelgroße Zwiebeln
- 20 g Butter/Margarine
- 30 g Mehl
- 100 ml Milch
- 100 g Schlagsahne
- 2 TL klare Brühe (Instant)
- 150 g TK-Erbsen
- ½ Bund oder ½ TL getrockneter Majoran
- ½ Bund Petersilie
- 150 g Schinkenwürfel
- 2 EL (30 g) geriebener Käse (z. B. Gouda)
- Salz
- weißer Pfeffer

1. Kartoffeln waschen und in Wasser zugedeckt ca. 20 Minuten kochen.

2. Inzwischen Zwiebeln schälen und würfeln. Im heißen Fett goldgelb andünsten. Mehl darin

anschwitzen. Mit ½ l Wasser, Milch und Sahne ablöschen. Brühe und Erbsen zufügen. Soße aufkochen und ca. 5 Minuten köcheln.

3. Kräuter waschen, hacken. Mit Schinkenwürfeln und Käse in die Soße rühren. Mit Salz und Pfeffer kräftig abschmecken.

4. Kartoffeln kalt abschrecken und schälen. In eine große feuerfeste Form füllen und mit der Rahm-Soße übergießen. Im vorgeheizten Backofen (E-Herd: 200 °C/ Umluft: 175 °C / Gas: Stufe 3) ca. 20 Minuten goldbraun backen.

Zubereitungszeit ca. 1 Std.
Pro Portion ca. 540 kcal / 2260 kJ.
E 17 g, F 27 g, KH 53 g

Wirsing-Auflauf mit Kartoffelkruste

Zutaten für 3–4 Personen:

- 500 g festkochende Kartoffeln
- 1 mittelgroße Zwiebel
- ½ Töpfchen Majoran
- 2 EL Öl
- Salz
- weißer Pfeffer
- Edelsüß-Paprika
- ½ Kopf Wirsingkohl (ca. 500 g)
- 1 EL Butter/Margarine
- 2 Krakauer Würstchen (à ca. 180 g)
- 5 EL Schlagsahne
- 1 EL Mehl
- geriebene Muskatnuß
- Fett für die Form

1. Kartoffeln schälen, waschen und grob raspeln. Zwiebel schälen, hacken. Majoran waschen, Blättchen abzupfen. Öl in einer Pfanne erhitzen. Zwiebel darin glasig dünsten. Kartoffeln etwas ausdrükken und mit anbraten. Mit Salz, Pfeffer und Paprika würzen. Hälfte vom Majoran unterrühren. Andere Hälfte beiseite stellen.

2. Wirsing putzen, waschen, in Streifen schneiden. Fett in einem Topf erhitzen und Wirsingstreifen darin andünsten. Mit Salz würzen. Mit ¼ l Wasser ablöschen und zugedeckt ca. 5 Minuten dünsten. In der Zwischenzeit Wurst in Scheiben schneiden. Sahne und Mehl verrühren. Kohl damit binden. Wurst unterheben. Mit Muskat würzen.

3. Kohl in eine gefettete Auflaufform füllen. Kartoffeln gleichmäßig darauf verteilen. Im vorgeheizten Backofen (E-Herd: 200 °C/ Umluft: 175 °C / Gas: Stufe 3) ca. 25 Minuten überbacken. Herausnehmen und mit dem restlichen Majoran bestreuen.

Zubereitungszeit ca. 1¼ Std.
Pro Portion ca. 500 kcal / 2100 kJ.
E 25 g, F 32 g, KH 25 g

EXTRA-TIP

Der Auflauf wird noch würziger, wenn Sie 100 g geriebenen Käse, z. B. Edamer oder Emmentaler, unter die geraspelten Kartoffeln mischen.

Kartoffel-Sauerkraut-Quiche

Zutaten für 3–4 Personen:

- 1 kg festkochende Kartoffeln
- 1 mittelgroße Zwiebel
- 1 Dose (580 ml) Sauerkraut
- 2 EL Öl
- Salz
- schwarzer Pfeffer
- Paprika
- Zucker
- 2 Eigelb
- geriebene Muskatnuß
- Fett für die Form
- 75 g Butterkäse
- 30 g Butter
- ½ Bund Schnittlauch
- 100 g Crème fraîche

1. Kartoffeln waschen und in Wasser ca. 20 Minuten kochen. Zwiebel schälen und fein würfeln. Sauerkraut abtropfen lassen.

2. Öl erhitzen. Kraut und Zwiebel darin andünsten. Mit Salz, Pfeffer, Paprika und Zucker würzen. Zugedeckt bei schwacher Hitze ca. 10 Minuten schmoren.

3. Kartoffeln abgießen, abschrekken und die Schale abziehen. Hälfte Kartoffeln durch eine Kartoffelpresse drücken oder zerstampfen. Eigelb unterrühren. Mit Salz, Pfeffer und Muskat würzen.

4. Eine Pieform (ca. 26 cm Ø) fetten. Den Kartoffelteig darin glattstreichen. Kraut darauf verteilen. Restliche Kartoffeln in Scheiben schneiden und darauflegen. Käse reiben und über die Kartoffeln streuen. Butter in Flöckchen daraufsetzen. Im vorgeheizten Backofen (E-Herd: 200 °C / Umluft: 175 °C / Gas: Stufe 3) ca. 20 Minuten backen.

5. Schnittlauch waschen und in Röllchen schneiden. Quiche in Stücke schneiden und mit je einem Klecks Crème fraîche und Schnittlauch garnieren.

Zubereitungszeit ca. 1¼ Std.
Pro Portion ca. 440 kcal / 1840 kJ.
E 12 g, F 28 g, KH 32 g

Pellkartoffel-Auflauf mit Kasseler

Zutaten für 4 Personen:

- 1 kg kleine vorwiegend festkochende Kartoffeln
- 1–2 Knoblauchzehen
- 400 g ausgelöstes Kasseler-Kotelett
- 1 Bund Lauchzwiebeln oder 1 kleine Stange Porree
- 30 g Butter/Margarine
- 40 g Mehl
- ¾ l Milch
- 100 g Schlagsahne
- 4–5 EL (50 g) geriebener Käse (z. B. Emmentaler oder Gouda)
- Salz
- weißer Pfeffer
- ½ Bund Petersilie

1. Kartoffeln waschen und ca. 15 Minuten kochen. Knoblauch schälen und fein würfeln. Kasseler waschen, mit Küchenpapier trockentupfen und würfeln. Lauchzwiebeln putzen, waschen und in Ringe schneiden. Kartoffeln abgießen, kalt abschrecken und die Schale abziehen.

2. Für die Soße Fett in einem Topf schmelzen lassen. Knoblauch darin glasig dünsten. Mit Mehl bestäuben und anschwitzen. Mit Milch und Sahne ablöschen und aufkochen. Kasselerwürfel, Lauchzwiebeln und Käse unter die Soße rühren. Mit Salz und Pfeffer würzig abschmecken.

3. Petersilie waschen und hacken. Unter die Soße rühren. Kartoffeln in eine gefettete feuerfeste Form füllen und mit der Soße begießen.

4. Den Auflauf im vorgeheizten Backofen (E-Herd: 200 °C / Umluft: 175 °C / Gas: Stufe 3) ca. 15 Minuten goldbraun überbacken.

Zubereitungszeit ca. 45 Min.
Pro Portion ca. 720 kcal / 3020 kJ.
E 47 g, F 30 g, KH 60 g

Überbackenes Püree mit Ei und Speck

Zutaten für 4 Personen:

- 100 g geräucherter durchwachsener Speck
- 100 g mittelalter Gouda
- 100 g Zwiebeln
- 1 TL Salz
- ¼ l Milch
- 1 Packung (4 Portionen; für ¾ l Flüssigkeit) Kartoffel-Püree
- weißer Pfeffer
- geriebene Muskatnuß
- Fett für die Form
- 4 Eier (Gr. M)
- 2 EL gehackte Petersilie

1. Speck und Käse fein würfeln. Zwiebeln schälen und fein würfeln. Speck in der Pfanne aus-

lassen, herausnehmen. Zwiebeln im Speckfett glasig dünsten.

2. ½ l Wasser und Salz aufkochen. Vom Herd nehmen und die Milch zugießen. Kartoffel-Püree einrühren, 1 Minute quellen lassen. Kräftig durchrühren und mit Pfeffer und Muskat abschmecken. Zwiebeln, Käse und die Hälfte Speck unterrühren.

3. Püree in eine gefettete Auflaufform füllen. 4 Mulden hineindrücken und je 1 Ei hineinschlagen. Im vorgeheizten Backofen (E-Herd: 200 °C / Umluft: 175 °C / Gas: Stufe 3) ca. 20 Minuten backen. Mit restlichem Speck und Petersilie bestreuen.

Zubereitungszeit ca. 55 Min.
Pro Portion ca. 500 kcal / 2100 kJ.
E 20 g, F 32 g, KH 29 g

Neues mit

Makkaroni-Gemüse-Pastete

Zutaten für 8 Stücke:

- 250–300 g Makkaroni
- Salz
- 150 g Zucchini
- 250 g Möhren
- 100 g Lauchzwiebeln
- 1 EL Öl
- 100 g magere Schinkenwürfel
- weißer Pfeffer
- kaltes Fett für die Form
- ½ Töpfchen Basilikum
- ½ Bund Petersilie
- 300 ml Milch
- 200 g Schlagsahne
- 8 Eier (Gr. M)

1. Nudeln in reichlich kochendem Salzwasser ca. 10 Minuten garen.

2. Gemüse putzen bzw. schälen und waschen. Zucchini und Möhren grob raspeln bzw. hobeln. Lauchzwiebeln in feine Ringe schneiden.

3. Nudeln abtropfen. Öl erhitzen. Schinkenwürfel darin unter Wenden anbraten. Gemüse zufügen und andünsten. Mit Salz und Pfeffer würzen. Eine Springform (24–26 cm Ø) gut ausfetten.

4. Kräuter waschen und, bis auf einen Rest zum Garnieren, hacken. Milch, Sahne, Eier und Kräuter verquirlen. Würzen. Die Nudeln

als Boden und Rand in die Form legen. Gemüse einfüllen und die Eiermilch darübergießen.

5. Im vorgeheizten Backofen (E-Herd: 200 °C / Umluft: 175 °C/ Gas: Stufe 3) 1–1¼ Stunden backen. Pastete etwas abkühlen lassen. Vom Rand lösen und mit restlichen Kräutern garnieren.

Zubereitungszeit ca. 2 Std.
Pro Stück ca. 390 kcal / 1630 kJ.
E 15 g, F 23 g, KH 27 g

Nudeln

Duftend mit goldbrauner Kruste

Möhren-Sellerie-Lasagne

Zutaten für 3–4 Personen:

- 500 g Möhren
- 1 Staude (375 g) Stangensellerie
- 2 Bund/Töpfe frische Kräuter (z. B. Estragon, Kerbel, Petersilie, Dill oder Schnittlauch)
- 40 g Butter/Margarine
- 40 g Mehl
- 400 ml Milch
- 3 TL Gemüsebrühe (Instant)
- 100 g Gouda-Käse
- Salz
- weißer Pfeffer
- Fett für die Form
- 9 Lasagneblätter
- 2 EL (20 g) Sonnenblumenkerne

1. Möhren und Stangensellerie putzen, waschen und in sehr dünne

Scheiben schneiden. Kräuter waschen und sehr fein schneiden.

2. Fett erhitzen, Mehl darin anschwitzen. Mit 350 ml Wasser und Milch ablöschen. Unter Rühren aufkochen, Brühe einrühren. Ca. 2 Minuten köcheln lassen. Käse reiben, mit den Kräutern in die Soße rühren. Salzen und pfeffern.

3. Eine Auflaufform (ca. 30 cm Länge) fetten. Jeweils im Wechsel Soße, Lasagneblätter und Gemüse hineinschichten. Mit Lasagneblättern und Soße abschließen. Die Sonnenblumenkerne darüberstreuen.

4. Die Lasagne im vorgeheizten Backofen (E-Herd: 200 °C / Umluft: 175 °C / Gas: Stufe 3) ca. 45 Minuten backen.

Zubereitungszeit ca. 1¼ Std.
Pro Portion ca. 560 kcal / 2350 kJ.
E 21 g, F 23 g, KH 64 g

Gemüse-Nudel-Auflauf mit Fleischkäse

Zutaten für 4 Personen:

- 250 g kurze dicke Nudeln (z. B. Penne)
- Salz
- 300 g TK-Farmers-Gemüse oder anderes gemischtes TK-Gemüse
- 300 g Fleischkäse
- Fett für die Form
- ½ l Milch
- 4 Eier (Gr. M)
- weißer Pfeffer
- geriebene Muskatnuß
- 150 g Edamer-Käse

1. Nudeln in reichlich kochendem Salzwasser ca. 10 Minuten garen. Gemüse in wenig Salzwasser ca. 5 Minuten dünsten. Gemüse und Nudeln gut abtropfen lassen.

2. Fleischkäse würfeln. Mit den Nudeln und dem Gemüse in eine gefettete Auflaufform schichten.

3. Milch und Eier verquirlen. Mit Salz, Pfeffer und Muskat würzen.

Käse grob reiben und unterrühren. Eiermilch über die Nudeln gießen.

4. Den Gemüse-Nudel-Auflauf im vorgeheizten Backofen (E-Herd: 175 °C / Umluft: 150 °C / Gas: Stufe 3) 30–40 Minuten backen, bis er goldbraun ist.

Zubereitungszeit ca. 1¼ Std.
Pro Portion ca. 780 kcal / 3270 kJ.
E 40 g, F 42 g, KH 56 g

Tagliatelle-Tomaten-Auflauf mit Speck

Zutaten für 4 Personen:

- 250 g Bandnudeln (Tagliatelle)
- Salz
- 1 mittelgroße Zwiebel
- 50 g geräucherter durchwachsener Speck
- 1 EL Sonnenblumenkerne
- 4 mittelgroße Tomaten
- Fett für die Form
- ¼ l Milch
- 3 Eier
- schwarzer Pfeffer
- 1 TL Kräuter der Provence
- evtl. 2 Zweige frisches Basilikum

1. Nudeln in reichlich kochendem Salzwasser ca. 10 Minuten garen.

2. Zwiebel schälen. Zwiebel und Speck würfeln. Sonnenblumenkerne ohne Fett in der Pfanne an-

rösten, herausnehmen. Speck auslassen. Zwiebeln im Speckfett glasig dünsten. Tomaten putzen, waschen und in Spalten schneiden.

3. Nudeln abgießen. Mit Speck-Zwiebel-Mischung, Tomaten und Sonnenblumenkernen in eine gefettete feuerfeste Form füllen. Milch und Eier verquirlen. Mit Salz, Pfeffer und getrockneten Kräutern kräftig würzen. Die Eiermilch darübergießen.

4. Auflauf im vorgeheizten Backofen (E-Herd: 200 °C / Umluft: 175 °C / Gas: Stufe 3) ca. 45 Minuten backen. Evtl. mit kleingeschnittenem Basilikum garnieren.

Zubereitungszeit ca. 1 Std.
Pro Portion ca. 440 kcal / 1840 kJ.
E 19 g, F 18 g, KH 47 g

Wirsing-Schinken-Lasagne

Zutaten für 4 Personen:

- 1 kleiner Wirsingkohl
- Salz
- 50 g Butter/Margarine
- 50 g Mehl
- 2–3 EL (30 g) Tomatenmark
- ½ l Gemüse-Brühe (Instant)
- ½ l Milch
- 1 Bund Petersilie
- weißer Pfeffer
- Rosenpaprika
- Fett für die Form
- 200 g gekochter Vorderschinken
- 8 helle Lasagneblätter
- 100 g Edamer-Käse

1. Wirsing putzen, waschen und Blätter ablösen. Dicke Blattrippen flachschneiden. Blätter in kochendem Salzwasser ca. 2 Minuten blanchieren. Kalt abschrecken und abtropfen lassen.

2. Fett erhitzen. Mehl und Tomatenmark zufügen, anschwitzen. Mit Brühe und Milch ablöschen. Aufkochen und unter Rühren ca. 5 Minuten köcheln lassen. Petersilie waschen, hacken und unterrühren. Mit Salz, Pfeffer und Paprika abschmecken.

3. Eine gefettete Auflaufform (ca. 30 cm Länge) mit der Hälfte der Wirsingblätter auslegen. Die Hälfte Schinken und ⅓ der Soße darauf verteilen. Mit Lasagneblättern belegen. Übrigen Schinken und ⅓ der Soße daraufgeben. Mit restlichem Kohl bedecken. Die übrige Soße darübergießen. Käse reiben und den Auflauf damit bestreuen.

4. Die Lasagne im vorgeheizten Backofen (E-Herd: 200 °C/ Umluft: 175 °C / Gas: Stufe 3) ca. 40 Minuten goldgelb backen.

Zubereitungszeit ca. 1¼ Std.
Pro Portion ca. 570 kcal / 2390 kJ.
E 38 g, F 28 g, KH 37 g

Überbackene Nudelnester mit Gemüse-Ragout

Zutaten für 4 Personen:

- 250 g Makkaroni
- Salz
- 250 g Champignons
- 1 rote Paprikaschote
- 150 g gekochter Schinken in Scheiben
- je 2–3 Stiele Majoran und Petersilie
- 2 EL Öl
- 300 g TK-Erbsen
- schwarzer Pfeffer
- 4 Eier
- ¼ l Milch
- Edelsüß-Paprika
- Fett für die Form
- 100 g geriebener Gouda-Käse

1. Nudeln in reichlich kochendem Salzwasser 10–12 Minuten garen.

2. Pilze und Paprika putzen und waschen. Pilze je nach Größe halbieren bzw. vierteln, Paprika kleinschneiden. Schinken in Streifen schneiden. Kräuter waschen und die Hälfte fein hacken. Nudeln abgießen und gut abtropfen lassen.

3. Öl erhitzen. Pilze darin ca. 5 Minuten braten. Paprika ca. 3 Minuten mitbraten. Schinken, Erbsen und gehackte Kräuter zufügen. Alles mit Pfeffer und etwas Salz würzig abschmecken.

4. Eier und Milch verquirlen. Mit Salz, Pfeffer und Paprika würzen. Die Nudeln zu 4 Nestern aufdrehen. In eine gefettete Auflaufform geben. Die Gemüsemischung hineinfüllen und die Eiermilch darübergießen. Alles mit Käse bestreuen.

5. Die Nudelnester im vorgeheizten Backofen (E-Herd: 200 °C / Umluft: 175 °C / Gas: Stufe 3) 40–45 Minuten backen. Mit restlichen Kräutern garnieren.

Zubereitungszeit ca. 1¼ Std.
Pro Portion ca. 620 kcal / 2600 kJ.
E 38 g, F 25 g, KH 56 g

Spinat-Cannelloni al forno

Zutaten für 4 Personen:

- 750 g Blattspinat
- 1 Knoblauchzehe
- 500 g Champignons
- 4 EL Olivenöl
- Salz
- weißer Pfeffer
- 2 mittelgroße Zwiebeln
- 1 große Dose (850 ml) Tomaten
- ½ TL getrockneter Oregano
- 1 Prise Zucker
- 3 EL geriebener Parmesan-Käse
- 12 Cannelloni (große Röhrennudeln)

1. Spinat putzen, waschen, abtropfen lassen. Knoblauch schälen und hacken. Pilze waschen und grob hacken. Mit Knoblauch in 2 EL heißem Öl andünsten. Spinat zufügen, 3 Minuten garen. Mit Salz und Pfeffer würzen, abkühlen.

2. Zwiebeln schälen, würfeln und im restlichen Öl andünsten. Tomaten zerkleinern und mit dem Saft zufügen. Mit Oregano würzen. 5 Minuten kochen. Mit Salz, Pfeffer und Zucker abschmecken. 1 EL Käse zugeben.

3. Cannelloni mit der Spinatmasse füllen und in eine feuerfeste Form

legen. Mit Soße begießen. Mit restlichem Käse bestreuen und im vorgeheizten Backofen (E-Herd: 200 °C / Umluft: 175 °C / Gas: Stufe 3) ca. 30 Minuten goldbraun backen.

Zubereitungszeit ca. 1¼ Std.
Pro Portion ca. 300 kcal / 1260 kJ.
E 16 g, F 12 g, KH 29 g

Makkaroni-Auflauf mit Schinken & Wirsing

Zutaten für 4 Personen:

- 250 g Makkaroni
- Salz
- 1 Kopf Wirsing (ca. 800 g)
- 4 EL (60 g) Butter/Margarine
- weißer Pfeffer
- geriebene Muskatnuß
- 200 g gekochter Schinken
- 3 mittelgroße Zwiebeln
- 4 EL (40 g) Mehl
- ¼ l klare Brühe (Instant)
- ¼ l Milch
- Fett für die Form

1. Nudeln in reichlich kochendem Salzwasser ca. 10 Minuten garen.

2. Wirsing putzen, waschen und in Streifen schneiden. In 1 EL Fett andünsten. Mit Salz, Pfeffer und Muskat würzen. Etwas Wasser zugießen. Zugedeckt ca. 15 Minuten dünsten.

3. Nudeln abschrecken und abtropfen lassen. Schinken würfeln. Zwiebeln schälen und in Ringe schneiden. 2 EL Fett erhitzen. Zwiebelringe anbraten und herausnehmen. Mehl im Bratfett anschwitzen. Mit Brühe und Milch ablöschen. Unter Rühren ca. 5 Minuten köcheln lassen. ¾ der Zwiebelringe in die Soße geben. Mit Salz und Pfeffer kräftig würzen.

4. Wirsing abtropfen lassen. Nudeln, Schinkenwürfel und Wirsing in eine gefettete Auflaufform schichten. Mit Soße begießen. Restliche Zwiebelringe und 1 EL Fettflöckchen darauf verteilen. Im vorgeheizten Backofen (E-Herd: 200 °C / Umluft: 175 °C/ Gas: Stufe 3) ca. 40 Minuten backen.

Zubereitungszeit ca. 1½ Std.
Pro Portion ca. 580 kcal / 2430 kJ.
E 26 g, F 23 g, KH 63 g

Italienischer Auflauf mit Cabanossi

Zutaten für 4 Personen:

- 250 g Nudeln (z. B. Penne)
- Salz
- 200 g Cabanossi oder Schinken-Krakauer
- 1 Knoblauchzehe
- 150 g saure Sahne
- 3–4 EL Milch
- 100 g geriebener Parmesan-Käse
- weißer Pfeffer
- Fett für die Form
- 1 Packung (750 g) TK-Italienisches Pfannengemüse

1. Nudeln in reichlich kochendem Salzwasser ca. 10 Minuten garen. Auf einem Sieb abtropfen lassen.

2. Wurst in Scheiben schneiden. Knoblauch schälen und durch eine Knoblauchpresse drücken. Sahne, Milch, Hälfte Parmesan und Knoblauch verrühren. Mit Salz und Pfeffer würzen.

3. Eine Auflaufform fetten. Das Gemüse unaufgetaut mit Nudeln und Wurst mischen. In die Form füllen und mit der Sahnemischung begießen. Gleichmäßig mit dem Rest Parmesan bestreuen.

4. Den Auflauf im vorgeheizten Backofen (E-Herd: 200 °C / Umluft: 175 °C / Gas: Stufe 3) 30–40 Minuten goldbraun backen.

Zubereitungszeit ca. 1 Std.
Pro Portion ca. 610 kcal / 2560 kJ.
E 32 g, F 28 g, KH 54 g

Rosenkohl-Nudel-Auflauf mit Fleischwurst

Zutaten für 4–6 Personen:

- 500 g Rosenkohl
- Salz
- 250 g Nudeln (z. B. Penne)
- 200–250 g Fleischwurst
- 100–125 g mittelalter Gouda-Käse
- 1 mittelgroße Zwiebel
- 2 EL Butter/Margarine
- 4 EL (40 g) Mehl
- ¼ l Milch
- weißer Pfeffer
- Fett für die Form

1. Rosenkohl putzen und waschen. In ½ l kochendem Salzwasser ca. 20 Minuten zugedeckt garen. Nudeln in sprudelnd kochendem Salzwasser ca. 10 Minuten garen. Dann gut abtropfen lassen.

2. Rosenkohl abtropfen lassen, das Kohlwasser dabei auffangen. Fleischwurst häuten und in Würfel schneiden. Käse reiben. Zwiebeln schälen und fein hacken.

3. Zwiebel im heißen Fett andünsten. Mehl darüberstäuben und unter Rühren anschwitzen. Milch und Gemüsewasser einrühren und alles ca. 5 Minuten köcheln. Die Hälfte Käse in die Soße rühren und alles mit Salz und Pfeffer kräftig abschmecken.

4. Nudeln, Rosenkohl und Wurstwürfel in eine große gefettete Auflaufform füllen. Die Soße und den übrigen Käse darüber verteilen. Den Nudel-Auflauf im heißen Backofen (E-Herd: 200 °C/ Umluft: 175 °C / Gas: Stufe 3) ca. 30 Minuten goldbraun backen.

Zubereitungszeit ca. 1½ Std.
Pro Portion ca. 630 kcal / 2640 kJ.
E 27 g, F 31 g, KH 61 g

Nudel-Schinken-Schnecken

Zutaten für 4 Personen:

- 500 g Wirsingkohl
- 75–100 g Schinkenspeck
- 1 mittelgroße Zwiebel
- 1 EL + etwas Öl
- Salz
- Pfeffer
- geriebene Muskatnuß
- 150 g + 75 g Crème fraîche
- 125 g Hartkäse (z. B. Comté)
- 10 Lasagneplatten
- Fett für die Form
- ca. 100 ml Gemüsebrühe (Instant)
- Alufolie

1. Wirsing putzen, waschen und in sehr feine Streifen schneiden. Schinken ebenfalls in feine Streifen schneiden. Zwiebel schälen und würfeln.

2. 1 EL Öl erhitzen. Zwiebel und Schinken darin anbraten. Wirsing kurz andünsten. Mit Salz, Pfeffer und Muskat würzen. 150 g Crème fraîche unterrühren und alles 2–3 Minuten köcheln lassen. Käse reiben, die Hälfte darin unter Rühren schmelzen. Abkühlen lassen.

3. In der Zwischenzeit Lasagneplatten portionsweise in kochendem Salzwasser ca. 3 Minuten vorgaren. Abschrecken, auf ein leicht geöltes Tablett legen und längs halbieren. Wirsingfüllung auf die Nudelstreifen verteilen, aufrollen und dicht an dicht in eine gefettete Auflaufform stellen. Brühe und 75 g Crème fraîche verrühren und über die Lasagne-Schnecken gießen.

4. Mit Alufolie bedecken und im vorgeheizten Ofen (E-Herd: 200 °C / Umluft: 175 °C / Gas: Stufe 3) 20–25 Minuten backen. Anschließend mit dem restlichen Käse bestreuen und offen ca. 10 Minuten überbacken, bis die Kruste goldbraun ist.

Zubereitungszeit ca. 1½ Std.
Pro Portion ca. 620 kcal / 2600 kJ.
E 23 g, F 42 g, KH 34 g

Für Einge

Möhren-Zucchini-Auflauf mit Hackbällchen

Zutaten für 4 Personen:

- 3 Zwiebeln
- 500 g gemischtes Hackfleisch
- 1 Ei (Gr. M)
- 3 EL Paniermehl
- Salz
- schwarzer Pfeffer
- Edelsüß-Paprika
- 2 EL Öl
- 500 g Zucchini
- 400 g Möhren
- 1/8 l klare Brühe (Instant)
- ¼ l Milch
- 1 Packung Kartoffel-Püree (4 Portionen; für 3/4 l Flüssigkeit)
- Fett für die Form
- 150 g mittelalter Gouda-Käse

1. Zwiebeln schälen und eine fein hacken. Hackfleisch, Zwiebelwürfel, Ei und Paniermehl verkneten. Mit Salz, Pfeffer und Paprika würzen. Zu Bällchen formen. Im heißen Öl 5–10 Minuten braten und herausnehmen.

2. Rest Zwiebeln in Spalten schneiden. Zucchini und Möhren putzen bzw. schälen, waschen und in Scheiben schneiden. Gemüse im Bratfett andünsten. Mit Brühe ablöschen und ca. 5 Minuten dünsten. Mit Salz und Pfeffer würzen.

3. 1/2 l Salzwasser aufkochen. Von der Kochstelle nehmen und Milch zufügen. Püree einrühren. 1 Minute ausquellen lassen und nochmals durchrühren. Püree, Gemüse und Bällchen in eine gefettete Auflaufform schichten und mit Käse bestreuen. Im vorgeheizten Backofen (E-Herd: 200 °C / Umluft: 175 °C/ Gasherd: Stufe 3) ca. 15 Minuten überbacken.

Zubereitungszeit ca. 1 Std. (ohne Wartezeit). Pro Portion ca. 750 kcal / 3150 kJ. E 42 g, F 51 g, KH 31 g

fleischte

Handfestes mit Hack, Kasseler & Co

Spargel-Kasseler-Auflauf mit Käsekruste

Zutaten für 4 Personen:

- 750 g weißer Spargel
- 250 g Möhren
- Salz
- Zucker
- 2 EL Zitronensaft
- 200 g Champignons
- 500 g ausgelöstes Kasseler-Kotelett im Stück
- 2 EL (30 g) Butterschmalz
- Fett für die Form
- 150 g stichfeste saure Sahne
- 3 Eier (Gr. M)
- weißer Pfeffer
- geriebene Muskatnuß
- 75 g Emmentaler-Käse
- 2 EL (20 g) Paniermehl
- ½ Bund Schnittlauch

1. Spargel waschen, schälen. Holzige Enden abschneiden. Spargel in Stücke schneiden. Möhren schälen, waschen, in Scheiben schneiden. Spargel in kochendem, leicht gesalzenem Wasser mit Zucker und Zitronensaft ca. 10 Minuten, Möhren ca. 5 Minuten vorgaren. Das Gemüse gut abtropfen lassen.

2. Pilze putzen, waschen, in Scheiben schneiden. Fleisch waschen, trockentupfen, in Scheiben schneiden. Fleisch im heißen Butterschmalz kurz anbraten, herausnehmen. Pilze im Bratfett braun braten.

3. Fleisch, Gemüse und Pilze in eine große gefettete Auflaufform füllen. Saure Sahne und Eier verquirlen. Mit Salz, Pfeffer und Muskat würzen und über das Gemüse gießen.

4. Käse reiben. Käse und Paniermehl über den Auflauf streuen. Im vorgeheizten Backofen (E-Herd: 200 °C / Umluft: 175 °C / Gas: Stufe 3) ca. 30 Minuten überbacken. Schnittlauch waschen, fein schneiden und darüberstreuen.

Zubereitungszeit ca. 1½ Std.
Pro Portion ca. 500 kcal / 2100 kJ.
E 42 g, F 29 g, KH 13 g

Tomaten-Fenchel-Gratin mit Hähnchenfilet

Zutaten für 4 Personen:

- 3 Fenchelknollen (à ca. 150 g)
- Salz
- 250 g Tomaten
- 600 g Hähnchenfilet
- weißer Pfeffer
- 2 EL Öl
- 100 g Raclette-Käse
- 200 g Schlagsahne
- 2 Eigelb

1. Fenchel putzen, waschen und in Spalten schneiden. Fenchelgrün beiseite legen. Fenchel in wenig kochendem Salzwasser ca. 8 Minuten zugedeckt dünsten.

2. Tomaten putzen, waschen und in Scheiben schneiden. Hähnchenfilets waschen, trockentupfen, mit Pfeffer würzen.

3. Öl in einer Pfanne erhitzen und die Filets darin von jeder Seite 4–5 Minuten braten. Herausnehmen, salzen und schräg in Scheiben schneiden.

4. Fenchel, Tomaten und Fleisch in eine Gratinform schichten. Käse fein reiben. Sahne, Käse und Eigelb verrühren. Mit Salz und Pfeffer abschmecken.

5. Die Eiersahne über das Gratin gießen. Im vorgeheizten Backofen (E-Herd: 200 °C / Umluft: 175 °C/ Gas: Stufe 3) 10–15 Minuten überbacken. Mit Fenchelgrün garnieren.

Zubereitungszeit ca. 35 Min.
Pro Portion ca. 550 kcal / 2310 kJ.
E 46 g, F 33 g, KH 9 g

Gefüllte Pfannkuchen mit Mett

Zutaten für 4–6 Personen:

- 4 mittelgroße Zwiebeln
- 4–5 Tomaten (400 g)
- 300 g Schweinemett
- 4 EL + 6 TL Öl
- 200 g Mehl
- ⅜ l Milch
- Salz
- 5 Eier (Gr. M)
- 1 Bund glatte Petersilie
- Fett für die Form
- 200 g Schlagsahne
- weißer Pfeffer
- geriebene Muskatnuß
- 1 Kopfsalat
- je ½ rote und gelbe Paprikaschote
- 3–4 EL Weißwein-Essig

1. Zwiebeln schälen und würfeln. Tomaten putzen, waschen und würfeln. Mett und ¾ der Zwiebeln in 2 EL Öl krümelig braten. Tomaten kurz mit andünsten. Alles abkühlen lassen.

2. Mehl, Milch, 4 EL Wasser, Salz und 2 Eier verrühren. 6 TL Öl portionsweise in einer Pfanne erhitzen. Aus dem Teig 6 Pfannkuchen backen.

3. Petersilie waschen, hacken. Bis auf einen Rest mit 1 Ei unter das Mett rühren. Masse auf die Pfannkuchen verteilen, aufrollen und in ca. 4 cm breite Scheiben schneiden. In eine gefettete feuerfeste Form setzen. Sahne und übrige Eier verquirlen und würzen. Über die Pfannkuchen gießen. Im vorgeheizten Backofen (E-Herd: 200 °C / Umluft: 175°C / Gas: Stufe 3) ca. 20 Minuten backen.

4. Salat und Paprika putzen, waschen. Paprika würfeln. Dann Salat in Stücke zupfen. Essig, Salz, Pfeffer, Rest Zwiebelwürfel und 2 EL Öl verrühren. Mit den Salatzutaten mischen. Übrige Petersilie über den Auflauf geben.

Zubereitungszeit ca. 1 Std.
Pro Portion ca. 630 kcal / 2640 kJ.
E 21 g, F 45 g, KH 34 g

Kartoffel-Auflauf „Bolognese“

Zutaten für 4 Personen:

- 1 kg vorwiegend festkochende Kartoffeln
- Fett für die Form
- Salz
- 1 mittelgroße Zwiebel
- 1–2 Knoblauchzehen
- 2 EL Öl (z. B. Olivenöl)
- 300 g gemischtes Hackfleisch
- 200 ml Tomatensaft
- weißer Pfeffer
- Cayennepfeffer
- 1–2 TL getrocknete italienische Kräuter
- 2 mittelgroße Tomaten
- 200 g Crème fraîche
- 75 g Gouda-Käse
- einige Stiele Petersilie

1. Kartoffeln schälen, waschen und in dünne Scheiben hobeln. In eine gefettete feuerfeste Form schichten und mit Salz bestreuen.

2. Zwiebel und Knoblauch schälen und hacken. Im heißen Öl an-

dünsten. Hack zufügen und unter Wenden ca. 5 Minuten braten.

3. Tomatensaft zufügen und alles aufkochen. Mit Salz, Pfeffer, Cayennepfeffer und Kräutern kräftig würzen.

4. Tomaten putzen, waschen und in Scheiben schneiden. Tomaten und Hacksoße auf die Kartoffeln schichten.

5. Auflauf mit Crème fraîche bestreichen. Käse reiben und darüberstreuen. Im heißen Backofen (E-Herd: 200 °C / Umluft: 175 °C/ Gas: Stufe 3) 50–60 Minuten backen. Evtl. zwischendurch mit Pergamentpapier abdecken. Petersilie waschen, hacken und über den Auflauf streuen.

Zubereitungszeit ca. 1½ Std.
Pro Portion ca. 540 kcal / 2260 kJ.
E 27 g, F 30 g, KH 35 g

Überbackene Schnitzel-Pfanne „Stroganoff"

Zutaten für 3–4 Personen:

- 300 g Schweineschnitzel
- 250 g Champignons
- 2 mittelgroße Zwiebeln
- 2 EL Öl
- Salz
- weißer Pfeffer
- 2 EL (20 g) Mehl
- 200 g Schlagsahne
- 4 Gewürzgurken (ca. 250 g)
- 50 g Parmesan-Käse
- 50 g Emmentaler-Käse
- 2 EL Kapern (Glas)
- Fett für die Form
- evtl. etwas Petersilie

1. Fleisch waschen, trockentupfen und in dünne Streifen schneiden. Pilze putzen, waschen und vierteln. Zwiebeln schälen und in schmale Spalten schneiden.

2. Öl erhitzen. Fleisch darin ca. 2 Minuten braten. Mit Salz und Pfeffer würzen. Pilze und Zwiebeln zufügen, mitbraten. Mehl darüberstäuben und anschwitzen. Sahne zugießen. Aufkochen und ca. 5 Minuten köcheln. Abschmecken.

3. Gurken in Scheiben schneiden. Beide Sorten Käse reiben. Fleischsoße, Gurken und Kapern in eine gefettete Auflaufform geben. Mit Käse bestreuen.

4. Im heißen Backofen (E-Herd: 225 °C / Umluft: 200 °C / Gas: Stufe 4) ca. 10 Minuten überbacken. Evtl. Petersilie waschen, hacken und darüberstreuen. Dazu schmeckt Butterreis oder Baguette.

Zubereitungszeit ca. 40 Min.
Pro Portion ca. 420 kcal / 1760 kJ.
E 29 g, F 29 g, KH 9 g

EXTRA-TIP

Wer nicht so gerne Kapern mag, kann die Soße auch mit 1–2 Teelöffel mittelscharfem Senf und ein paar Spritzern Zitronensaft abschmecken.

Gemüse-Auflauf mit Fleischklößchen

Zutaten für 4 Personen:

- 500 g Möhren
- 2 Kohlrabi
- 250 g festkochende Kartoffeln
- Salz
- 200 g Schlagsahne
- 3 EL (30 g) Mehl
- 200 g TK-Erbsen
- weißer Pfeffer
- 2 EL Öl
- 3–4 ungebrühte feine Bratwürste (à ca. 125 g)
- Fett für die Form
- 2 EL (20 g) Paniermehl
- 50 g geriebener Gouda-Käse
- evtl. etwas Petersilie

1. Möhren, Kohlrabi und Kartoffeln schälen, waschen und kleinschneiden. In ½ l kochendem Salzwasser ca. 12 Minuten garen. Hälfte Sahne zugießen und aufkochen. Rest Sahne und Mehl glattrühren. Mit Erbsen zufügen, aufkochen, ca. 5 Minuten köcheln und würzen.

2. Öl erhitzen. Wurstbrät aus der Haut als Bällchen hineindrükken. Rundherum braun braten.

3. Fleischbällchen, Gemüse und Soße in eine gefettete feuerfeste Form füllen. Paniermehl und Käse darüberstreuen. Den Auflauf im vorgeheizten Backofen (E-Herd: 200 °C / Umluft: 175 °C / Gas: Stufe 3) ca. 20 Minuten backen. Petersilie waschen, hacken und darüberstreuen.

**Zubereitungszeit ca. 1 Std.
Pro Portion ca. 450 kcal / 1890 kJ.
E 22 g, F 29 g, KH 26 g**

Tomaten-Mett-Auflauf mit Mozzarella

Zutaten für 4 Personen:

- 1 mittelgroße Zwiebel
- 400 g Schweinemett
- weißer Pfeffer
- 500 g große Tomaten
- 5–6 Stiele frisches oder ca. 1 TL getrocknetes Basilikum
- Fett für die Form
- 1 Packung (125 g) Mozzarella-Käse
- Salz
- 1 EL Öl (z. B. Olivenöl)

1. Zwiebel schälen und hacken. Mett in einer Pfanne ohne Fett kräftig anbraten, dabei mit einem Bratenwender zerkrümeln. Zwiebel zum Mett geben und kurz mitbraten. Alles mit Pfeffer würzen.

2. Tomaten putzen, waschen und in Scheiben schneiden. Basilikum

waschen, trockentupfen. Blättchen, bis auf einige zum Garnieren, in Streifen schneiden, unter das Mett mischen.

3. Hälfte Tomaten in eine gefettete feuerfeste Form legen. Mett darauf verteilen und mit restlichen Tomatenscheiben belegen. Mozzarella abtropfen lassen und in Scheiben schneiden. Auf den Tomaten verteilen. Mit Salz und Pfeffer würzen. Mit Öl beträufeln.

4. Auflauf im vorgeheizten Backofen (E-Herd: 200 °C / Umluft: 175 °C / Gas: Stufe 3) ca. 15 Minuten goldbraun überbacken. Herausnehmen und mit dem übrigen Basilikum garnieren.

Zubereitungszeit ca. 30 Min.
Pro Portion ca. 420 kcal / 1760 kJ.
E 30 g, F 31 g, KH 4 g

Kasseler-Püree-Auflauf mit Porree

Zutaten für 4 Personen:

- 1,2 kg Kartoffeln
- Salz
- 500 g Porree
- 250 g Champignons
- 500–600 g Kasseler-Kotelett im Stück
- 2 Gewürzgurken (ca. 100 g)
- 2 EL Öl
- schwarzer Pfeffer
- ¼ l Milch
- 3 EL (30 g) Butter/Margarine
- geriebene Muskatnuß
- Fett für die Form

1. Kartoffeln schälen, waschen und kleinschneiden. In Salzwasser ca. 20 Minuten zugedeckt garen.

2. Inzwischen Porree und Pilze putzen und waschen. Porree in Stücke schneiden, Pilze halbieren. Fleisch waschen, trockentupfen und den Knochen auslösen. Fleisch würfeln. Gurken in Scheiben schneiden.

3. Öl erhitzen. Fleisch darin portionsweise anbraten. Herausnehmen. Pilze im Bratfett goldbraun braten. Porree zufügen und ca. 5 Minuten mitbraten. Gemüse mit Pfeffer und Salz würzen.

4. Milch erhitzen. Kartoffeln abgießen und zerstampfen. Milch zugießen und 2 EL Fett darin schmelzen. Püree mit Salz, Pfeffer und Muskat würzen.

5. ⅔ Püree in eine gefettete Auflaufform geben. Gemüse, Kasseler und Gurken darauf verteilen. Rest Püree daraufgeben. 1 EL Fett in Flöckchen darauf verteilen. Im vorgeheizten Backofen (E-Herd: 200 °C / Umluft: 175 °C / Gas: Stufe 3) ca. 25 Minuten backen.

Zubereitungszeit ca. 1¼ Std.
Pro Portion ca. 680 kcal / 2850 kJ.
E 52 g, F 31 g, KH 44 g

Herzhafter Broccoli-Hack-Auflauf

Zutaten für 4 Personen:

- 500 g Broccoli
- Salz
- 200 g kleine Röhrennudeln (z. B. Rigatoni)
- 300 g Champignons
- 4 mittelgroße Zwiebeln
- 1 EL Öl (z. B. Olivenöl)
- 500 g gemischtes Hackfleisch
- 1 Dose (70 g) Tomatenmark
- ½ Packung (250 g) stückige Tomaten
- 2 Lorbeerblätter
- schwarzer Pfeffer
- 125 g Mozzarella-Käse
- Fett für die Form

1. Broccoli putzen, waschen und in Röschen teilen. Dicke Stiele schälen, kleinschneiden. Broccoli in wenig Salzwasser ca. 8 Minuten dünsten. Nudeln in reichlich kochendem Salzwasser 10–12 Minuten garen.

2. Inzwischen Champignons putzen, waschen und in dünne Scheiben schneiden. Zwiebeln schälen, fein würfeln. Öl in einer großen Pfanne erhitzen. Hackfleisch, Pilze und Zwiebeln darin ca. 10 Minuten kräftig anbraten. Tomatenmark, Tomaten und Lorbeer zugeben, alles aufkochen. Mit Salz und Pfeffer würzen.

3. Broccoli und Nudeln abtropfen. Käse würfeln. Lorbeerblätter aus der Soße nehmen. Broccoli, Nudeln und Hacksoße in eine gefettete feuerfeste Form schichten. Mit Käsewürfeln bestreuen. Im vorgeheizten Backofen (E-Herd: 200 °C/ Umluft: 175 °C / Gas: Stufe 3) ca. 20 Minuten überbacken.

Zubereitungszeit ca. 1 Std.
Pro Portion ca. 740 kcal / 3100 kJ.
E 40 g, F 40 g, KH 43 g

EXTRA-TIP

Aufläufe sind oft auch ideale „Resteverwerter". Diesen beispielsweise können Sie prima mit Braten- und Kasselerresten oder auch mit übriggebliebenem Aufschnitt (Wurst, Schinken etc.) zubereiten.

Köstliches

Pfannkuchen-Lauch-Auflauf mit Gouda

Zutaten für 4 Personen:

- 1 Bund Schnittlauch
- 2 Eier
- ¼ l Mineralwasser
- 150 g + 30 g Mehl
- Salz
- schwarzer Pfeffer
- geriebene Muskatnuß
- 2 EL Öl
- 750 g Porree (Lauch)
- 30 g Butter/Margarine
- ¼ l Milch
- 3 Mettenden (à ca. 100 g)
- 50 g mittelalter Gouda-Käse
- Fett für die Form

1. Schnittlauch waschen und in feine Röllchen schneiden. Eier, Mineralwasser und 150 g Mehl zu einem glatten Teig verrühren. Mit Salz, Pfeffer und Muskat kräftig würzen. Schnittlauch unterrühren.

2. Öl portionsweise in einer Pfanne erhitzen. Aus dem Teig darin nacheinander 3–4 dicke Pfannkuchen backen.

3. Porree putzen, waschen und in Stücke schneiden. In 300 ml Salzwasser ca. 5 Minuten garen. Abtropfen lassen und das Gemüsewasser auffangen. Fett schmelzen, 30 g Mehl darin anschwitzen. Mit Milch und Gemüsewasser ablöschen und aufkochen lassen. Kräftig mit Salz, Pfeffer und Muskat abschmecken.

4. Wurst in Scheiben schneiden. Mit Porree und Soße in eine gefettete Auflaufform füllen. Pfannkuchen in dicke Streifen schneiden und daraufgeben. Käse grob raspeln und darüberstreuen. Den Auflauf im vorgeheizten Backofen (E-Herd: 200 °C / Umluft: 175 °C/ Gas: Stufe 3) 20–30 Minuten goldbraun backen.

Zubereitungszeit ca. 1½ Std.
Pro Portion ca. 670 kcal / 2810 kJ.
E 31 g, F 40 g, KH 42 g

mit Käse

Schön knusprig durch Gouda & Co.

Überbackene Champignons mit Mozzarella

Zutaten für 3–4 Personen:

- 1 kg kleine Champignons
- 1 mittelgroße Zwiebel
- 2–3 Knoblauchzehen
- 2 EL (30 g) Öl (z. B. Olivenöl)
- Salz
- weißer Pfeffer
- Fett für die Form
- 250 g Tomaten
- 2 Packungen (à 125 g) Mozzarella-Käse
- 1 Töpfchen Basilikum

1. Pilze putzen, waschen und trockentupfen. Zwiebel und Knoblauch schälen und fein hacken.

2. Öl erhitzen. Pilze portionsweise darin anbraten. Zwiebel und Knoblauch kurz mitdünsten. Mit Salz und Pfeffer würzen. Alles in eine gefettete Auflaufform geben.

3. Tomaten putzen und waschen. Mozzarella abtropfen lassen. Beides in Scheiben schneiden und auf die Pilze legen.

4. Den Auflauf im vorgeheizten Backofen (E-Herd: 225 °C / Umluft: 200 °C / Gas: Stufe 4) ca. 10 Minuten überbacken. Basilikum waschen, fein schneiden und darüberstreuen.

Zubereitungszeit ca. 45 Min.
Pro Portion ca. 230 kcal / 960 kJ.
E 20 g, F 15 g, KH 4 g

Sauerkraut-Auflauf mit Käseschmand

Zutaten für 4 Personen:

- 1 Dose (850 ml) Sauerkraut
- 2 mittelgroße Zwiebeln
- 1 EL (20 g) Butterschmalz
- 200 g Cabanossi oder Krakauer Würstchen
- Edelsüß-Paprika
- 1 TL klare Fleischbrühe (Instant)
- je 1 große rote und grüne Paprikaschote
- 200–250 g Schmand oder stichfeste saure Sahne
- 50 g geriebener Edamer-Käse
- Salz
- weißer Pfeffer

1. Sauerkraut abtropfen lassen. Zwiebeln schälen, würfeln. Butterschmalz in einer feuerfesten Pfanne erhitzen. Wurst in Scheiben schneiden und darin von beiden Seiten anbraten. Herausnehmen und beiseite stellen.

2. Zwiebeln und Sauerkraut im Bratfett unter Wenden kräftig

andünsten. Edelsüß-Paprika zufügen. Mit ¼ l Wasser ablöschen, aufkochen und die Brühe darin auflösen. Alles zugedeckt ca. 30 Minuten schmoren.

3. Paprikaschoten putzen, waschen, in kleine Würfel schneiden. Ca. 5 Minuten vor Ende der Garzeit zum Sauerkraut geben. Wurstscheiben zufügen und unterheben.

3. Schmand und Käse verrühren. Mit Salz, Pfeffer und etwas Edelsüß-Paprika abschmecken. Über das Sauerkraut geben. Im vorgeheizten Backofen (E-Herd: 225 °C / Umluft: 200 °C / Gas: Stufe 4) 10–15 Minuten goldgelb überbacken.

Zubereitungszeit ca. 1 Std.
Pro Portion ca. 400 kcal / 1680 kJ.
E 21 g, F 31 g, KH 7 g

Goldbraune Tomaten-Lasagne

Zutaten für 4 Personen:

- 100 g Lasagneplatten
- Salz
- 1 EL Öl
- 2 grüne und 1 gelbe Paprikaschote
- 1 kg Tomaten
- 1 Töpfchen Thymian
- 2 Knoblauchzehen
- 1 EL Butter/Margarine
- 125 ml Milch
- 250 g saure Sahne (stichfest)
- 2 EL (30 g) Mehl (Type 1050)
- 250 g mittelalter Gouda-Käse
- schwarzer Pfeffer
- Fett für die Form
- Klarsichtfolie

1. Lasagneplatten in kochendem Salzwasser mit Öl 12–15 Minuten kochen. Abgießen, mit kaltem Wasser abschrecken und nebeneinander auf Folie legen.

2. Gemüse waschen und putzen. Paprika in feine Streifen, Tomaten in Scheiben schneiden. Thymian waschen, Blättchen von den Stielen zupfen. Knoblauch schälen, hacken und im heißem Fett andünsten.

3. Milch, saure Sahne und Thymian, bis auf einen Rest, zufügen. Etwas einkochen lassen. Mehl mit etwas kaltem Wasser verrühren. Die Soße damit binden. Käse reiben. $^2/_3$ vom Käse in der Soße schmelzen. Würzen.

4. Abwechselnd Lasagneplatten, Gemüse und Soße in eine gefettete Auflaufform schichten. Mit Tomaten abschließen. Restlichen Käse und Thymian darüberstreuen. Im vorgeheizten Backofen (E-Herd: 200 °C / Umluft: 175 °C/ Gas: Stufe 3) ca. 45 Minuten goldbraun backen.

Zubereitungszeit: ca. $1^1/_2$ Std.
Pro Portion ca. 670 kcal / 2810 kJ.
E 24 g, F 43 g, KH 42 g

Kartoffel-Bohnen-Auflauf mit Emmentaler

Zutaten für 4 Personen:

- 300 g TK-Brechbohnen
- Salz
- 600 g festkochende Kartoffeln
- 2 EL Sonnenblumenkerne
- 1 Dose (425 ml) weiße Bohnenkerne
- 1 mittelgroße Zwiebel
- ½ Bund Petersilie
- 2 EL Öl
- 1 Packung (500 g) stückige Tomaten
- 1 TL getrockneter Thymian
- weißer Pfeffer
- Fett für die Form
- 100 g geriebener Emmentaler-Käse

1. Bohnen in kochendem Salzwasser ca. 20 Minuten garen. Kartoffeln schälen, waschen und in Scheiben schneiden. In Salzwasser ca. 12 Minuten kochen.

2. In der Zwischenzeit Sonnenblumenkerne in der Pfanne ohne Fett rösten und sofort herausnehmen. Bohnenkerne abtropfen. Zwiebel schälen, halbieren und in dünne Ringe schneiden. Petersilie waschen und hacken.

3. Kartoffeln und Bohnen gut abtropfen lassen. Zwiebel in einem Topf im heißen Öl andünsten. Mit Tomaten ablöschen. Thymian und Petersilie unterrühren. Ca. 5 Minuten köcheln lassen und mit Salz und Pfeffer kräftig abschmecken.

4. Kartoffeln und alle Bohnen in eine gefettete feuerfeste Form füllen. Die Soße darübergießen. Im vorgeheizten Backofen (E-Herd: 200 °C / Umluft: 175 °C / Gas: Stufe 3) ca. 20 Minuten backen. Käse reiben. Nach 10 Minuten Kerne und Käse über den Auflauf streuen.

Zubereitungszeit ca. 1 Std.
Pro Portion ca. 440 kcal / 1840 kJ.
E 21 g, F 16 g, KH 50 g

EXTRA-TIP

TK-Bohnen sind eine gesunde und praktische Alternative zu frischem Gemüse und auch für diesen Auflauf geeignet.

Kasseler im Gemüsebett mit Käsekruste

Zutaten für 4 Personen:

- 800 g kleine Kartoffeln
- 500–600 g Broccoli
- Salz
- 1 mittelgroße Zwiebel
- 40 g Butter/Margarine
- 40 g Mehl
- ¼ l Milch
- 100 g Hartkäse (z. B. Comté)
- schwarzer Pfeffer
- Fett für die Form
- 4–6 Scheiben (à ca. 150 g) ausgelöstes Kasseler
- ½ Bund Petersilie

1. Kartoffeln gut waschen und in Wasser 15–20 Minuten kochen.

2. Broccoli putzen, waschen und in Röschen teilen. In ¾ l kochendem Salzwasser 6–8 Minuten garen. Broccoli herausheben. Vom Gemüsewasser ½ l abmessen.

3. Zwiebel schälen und fein würfeln. Fett in einem Topf erhitzen. Zwiebelwürfel darin glasig dünsten. Mehl zufügen und anschwitzen. Milch und Gemüsewasser einrühren und alles aufkochen. Käse reiben. Hälfte Käse in der Soße schmelzen lassen. Mit Salz und Pfeffer abschmecken.

4. Kartoffeln abgießen, abschrekken und schälen, evtl. halbieren. Kartoffeln und Broccoli in eine gefettete flache feuerfeste Form füllen. ⅔ der Soße gleichmäßig darübergießen. Kasseler darauflegen und übrige Soße darüber verteilen. Mit dem restlichen Käse bestreuen.

5. Alles im vorgeheizten Backofen (E-Herd: 200 °C / Umluft: 175 °C / Gas: Stufe 3) ca. 25 Minuten überbacken. Petersilie waschen, trockenschütteln und hacken. Vor dem Servieren über den Auflauf streuen.

Zubereitungszeit ca. 1¼ Std.
Pro Portion ca. 640 kcal / 2680 kJ.
E 48 g, F 30 g, KH 39 g

Kartoffel-Gratin mit Salbei und Parmesan

Zutaten für 4 Personen:

- 750 g festkochende Kartoffeln
- Fett für die Form
- 30 g Parmesan-Käse
- 1 Knoblauchzehe
- 200 g Schlagsahne
- Salz
- weißer Pfeffer
- 3 Stiele Salbei
- 2 EL Öl (z. B. Olivenöl)
- 500 g Schweinefilet
- 2 mittelgroße Zucchini
- 2 EL körniger Senf

1. Kartoffeln schälen, waschen und in Scheiben hobeln. Schuppenförmig in eine gefettete flache Form einschichten. Parmesan-Käse reiben. Knoblauch schälen und hacken. Mit Sahne und Parmesan verrühren. Mit Salz und Pfeffer

würzen. Über die Kartoffeln gießen. Salbei abzupfen, waschen und daraufstreuen.

2. Gratin im vorgeheizten Backofen (E-Herd: 200 °C / Umluft: 175° C / Gas: Stufe 3) ca. 40 Minuten goldgelb backen.

3. Inzwischen Öl erhitzen und das Filet darin rundherum anbraten. Bei mittlerer Hitze ca. 15 Minuten weiterbraten. Zucchini putzen, waschen und in Stifte schneiden. Fleisch mit Salz und Pfeffer würzen. Warm stellen. Zucchini im Bratfett ca. 4 Minuten dünsten. Gemüse mit Senf, Salz und Pfeffer würzen. Mit Zucchini und Kartoffelgratin servieren.

Zubereitungszeit ca. 1 Std.
Pro Portion ca. 560 kcal / 2350 kJ.
E 33 g, F 30 g, KH 33 g

Gemüse-Auflauf mit Feta-Käse

Zutaten für 4 Personen:

- 750 g Kartoffeln
- 300 g grüne Bohnen (frisch oder TK)
- Salz
- 500 g Tomaten
- 2 mittelgroße Zwiebeln
- 1 EL Öl (z. B. Olivenöl)
- 200 g Feta-Käse
- 4 Eier (Gr. M)
- ⅛ l Milch
- 100–150 g Schlagsahne
- schwarzer Pfeffer
- 1 Bund Petersilie
- Fett für die Form

1. Kartoffeln schälen, waschen und in dicke Scheiben schneiden. Bohnen putzen, waschen und in Stücke schneiden. Kartoffeln und Bohnen in kochendem Salzwasser ca. 15 Minuten garen.

2. Tomaten putzen, waschen und in Scheiben schneiden. Zwiebeln schälen und in Ringe schneiden. Öl erhitzen. Zwiebeln darin glasig dünsten.

3. Käse würfeln. Eier, Milch und Sahne verquirlen. Mit Salz und Pfeffer kräftig würzen. Petersilie waschen, hacken und zufügen.

4. Kartoffeln und Bohnen abtropfen lassen. Mit Tomaten und Zwiebeln in eine flache, gefettete Auflaufform schichten.

5. Eiermilch und Käse über dem Auflauf verteilen. Im vorgeheizten Backofen (E-Herd: 200 °C/ Umluft: 175 °C / Gas: Stufe 3) ca. 35 Minuten goldgelb backen. Dazu schmeckt knuspriges Fladenbrot.

Zubereitungszeit ca. 1¼ Std.
Pro Portion ca. 450 kcal / 1890 kJ.
E 22 g, F 25 g, KH 32 g

Überbackene Cannelloni mit Lachs

Zutaten für 2 Personen:

- 500 g Spinat
- 3 mittelgroße Zwiebeln
- 1 EL Öl
- 20 g Mehl
- 20 g Butter/Margarine
- ⅛ l klare Brühe (Instant)
- 150 ml Milch
- Salz
- schwarzer Pfeffer
- geriebene Muskatnuß
- 75 g Räucherlachs
- 200 g Speisequark (20 %)
- 1 Ei (Gr. M)
- 8 Cannelloni (große Nudelröhren)
- 100 g kleine Tomaten
- Fett für die Form
- 100 g Mozzarella-Käse

1. Spinat putzen, waschen. Zwiebeln schälen, in Spalten schneiden. Im heißen Öl andünsten. Spinat zufügen und bei geschlossenem Deckel zusammenfallen lassen.

2. Mehl im heißen Fett anschwitzen. Mit Brühe und Milch ablöschen, aufkochen. Würzen. Lachs kleinschneiden. ¼ vom Spinat fein hacken. Quark, Ei und Lachs unterheben. Mit Salz, Pfeffer und Muskat würzen.

3. Nudeln mit der Lachs-Ei-Masse füllen. Tomaten putzen, waschen und evtl. kleinschneiden. Mit übrigem Spinat mischen und würzen.

4. Spinat und Tomaten in eine gefettete feuerfeste Form geben. Cannelloni darauflegen und die Soße darübergießen. Im vorgeheizten Backofen (E-Herd: 225 °C/ Umluft: 200 °C / Gas: Stufe 4) ca. 30 Minuten backen. Käse in Scheiben schneiden. Nach 25 Minuten daraufgeben und schmelzen lassen.

Zubereitungszeit ca. 1¼ Std.
Pro Portion ca. 800 kcal / 3360 kJ.
E 47 g, F 42 g, KH 50 g

Rosenkohl & Hähnchen mit Käsehaube

Zutaten für 4 Personen:

- 1 kg Rosenkohl
- Salz
- 4–6 Hähnchenfilets (à ca. 100 g)
- 1 EL (15 g) Öl
- 2 große Zwiebeln
- 75 g geräucherter durchwachsener Speck
- 150 g frische oder 1 Glas (212 ml) Pfifferlinge
- je ½ Bund Petersilie und Schnittlauch
- weißer Pfeffer
- Fett für die Form
- 125 g Hartkäse (z. B. Emmentaler oder Greyerzer)
- 2 EL (20 g) Paniermehl

1. Rosenkohl putzen und waschen. In kochendem Salzwasser zugedeckt ca. 15 Minuten garen.

2. Inzwischen Hähnchenfilets waschen und gut trockentupfen. Öl in einer Pfanne erhitzen. Die Filets darin von jeder Seite ca. 4 Minuten goldbraun braten.

3. Zwiebeln schälen. Zwiebeln und Speck würfeln. Pilze putzen, waschen bzw. abtropfen. Kräuter waschen und, bis auf etwas Petersilie, fein schneiden.

4. Filets würzen und herausnehmen. Speck im Bratfett knusprig auslassen. Zwiebeln und Pilze darin andünsten. Würzen. Den Rosenkohl abgießen und in eine gefettete feuerfeste Form füllen.

5. Kräuter und Pilze mit Speck unter den Rosenkohl mischen. Die Filets darauflegen. Käse grob raspeln, mit Paniermehl darüberstreuen. Im heißen Backofen (E-Herd: 200 °C / Umluft: 175 °C/ Gas: Stufe 3) ca. 15 Minuten überbacken. Mit Petersilie garnieren.

Zubereitungszeit ca. 1 Std.
Pro Portion ca. 500 kcal / 2100 kJ.
E 44 g, F 30 g, KH 14 g

EXTRA-TIP

Der Rosenkohl wird schneller gar, wenn Sie ihn vorher am Strunk über Kreuz mit einem Messer einschneiden.

Schinken & Wu

Preiswerte Gerichte für alle Tage

Broccoli-Auflauf mit Putenbrust & Mozzarella

Zutaten für 4 Personen:

- 250 g Bandnudeln
- Salz
- 500 g Broccoli
- 250 g Champignons
- 4 Tomaten
- 150–200 g Putenbrust-Aufschnitt oder gekochter Schinken
- Fett für die Form
- 3 Eier
- 200 ml Milch
- schwarzer Pfeffer
- geriebene Muskatnuß
- 2 Zweige frisches Basilikum
- 250 g Mozzarella

1. Nudeln in reichlich kochendem Salzwasser ca. 10 Minuten garen.

2. Inzwischen Broccoli, Pilze und Tomaten putzen, waschen und kleinschneiden. Putenbrust oder Schinken würfeln. Nudeln gut abgießen. Mit Putenbrust und Gemüse in eine gefettete Auflaufform schichten.

3. Eier und Milch verquirlen. Mit Salz, Pfeffer und Muskat kräftig würzen. Basilikum, bis auf einen Rest, fein schneiden und unterrühren. Die Eiermilch über den Auflauf gießen.

4. Im vorgeheizten Backofen (E-Herd: 200 °C / Umluft: 175 °C/ Gas: Stufe 3) ca. 30 Minuten backen. Mozzarella in Scheiben schneiden. Den Auflauf damit bedecken und weitere 10–15 Minuten goldbraun überbacken.

Zubereitungszeit ca. 1 Std.
Pro Portion ca. 540 kcal / 2260 kJ.
E 42 g, F 21 g, KH 46 g

Spargel-Schinken-Gratin mit Hollandaise

Zutaten für 2–3 Personen:

- 1 kg grüner Spargel
- Salz
- 1 TL Zucker
- 150 g gekochter Schinken
- 1 Beutel (30 g) Zubereitung für „Sauce Hollandaise"
- 125 g Butter
- 50 g geriebener Gratin-Käse (z. B. aus dem Beutel)
- 1–2 EL Zitronensaft
- geriebene Muskatnuß
- Fett für die Form
- ½ Bund Petersilie

1. Spargel waschen. Holzige Enden großzügig abschneiden. Die Stangen in ca. 4 cm lange Stücke schneiden. In ca. ½ l kochendem Salzwasser mit Zucker ca. 10 Minuten kochen.

2. Backofen vorheizen (E-Herd: 250 °C / Umluft: 225 °C / Gas: Stufe 4). Schinkenscheiben halbieren und in Streifen schneiden.

3. ⅛ l Spargelwasser abnehmen und in einen Topf geben. Soßenpulver einrühren und alles unter Rühren aufkochen. Den Topf vom Herd ziehen. Die Soße ca. ½ Minute kräftig rühren. Butter schmelzen lassen und langsam unterschlagen. Käse unterziehen. Mit Zitronensaft und Muskat abschmecken.

4. Den Spargel abtropfen lassen. Mit Schinken in eine gefettete Gratinform geben. Soße darüber-

gießen. Das Gratin im Backofen ca. 10 Minuten überbacken. Petersilie waschen, hacken und überstreuen.

Zubereitungszeit ca. 30 Min.
Pro Portion ca. 610 kcal / 2560 kJ.
E 18 g, F 48 g, KH 41 g

Überbackene Schwarzwurzel-Röllchen

Zutaten für 4 Personen:

- 1 kg Schwarzwurzeln
- ein guter Schuß Essig
- Salz
- 2 EL (30 g) Butter/Margarine
- 2 EL (20 g) Mehl
- ¼ l Milch
- weißer Pfeffer
- geriebene Muskatnuß
- 1 EL Zitronensaft
- 1 Eigelb
- 30 g geriebener Gouda-Käse
- 4 Scheiben (ca. 200 g) Kasseler-Aufschnitt
- Petersilie zum Garnieren
- evtl. grober Pfeffer
- evtl. Holzspießchen

1. Schwarzwurzeln unter fließendem Wasser abbürsten, schälen und sofort in Essigwasser legen. In kochendem Salzwasser zugedeckt ca. 15 Minuten garen.

2. Fett in einem Topf erhitzen, Mehl darin anschwitzen. Mit Milch unter Rühren ablöschen, aufkochen. Mit Salz, Pfeffer, Muskat und Zitronensaft abschmecken. Eigelb und etwas Soße verrühren. Mit dem Käse unter die Soße rühren. Nicht mehr kochen!

3. Schwarzwurzeln herausnehmen und etwas abkühlen lassen. Je 5–6 Schwarzwurzeln in eine Scheibe Kasseler wickeln. Evtl. mit einem Holzspießchen feststecken.

4. Schwarzwurzeln in eine Auflaufform legen. Die Soße darüber verteilen. Im vorgeheizten Backofen (E-Herd: 225 °C / Umluft: 200 °C/ Gas: Stufe 4) ca. 10 Minuten überbacken. Mit Petersilie garnieren und evtl. mit grobem Pfeffer bestreuen.

Zubereitungszeit ca. 1 Std.
Pro Portion ca. 350 kcal / 1470 kJ.
E 18 g, F 19 g, KH 25 g

Birnen-Auflauf mit Speck und Weinschaum-Soße

Zutaten für 6 Personen:

- 1 kg Birnen
- Saft von 1 Zitrone
- 50 g + 30 g Zucker
- 200 g Butter/Margarine
- 6 Eier (Gr. M)
- 400 g Mehl
- 1 Päckchen Backpulver
- 1/2 TL Salz
- schwarzer Pfeffer
- 200 g Frühstücksspeck in dünnen Scheiben
- 1/8 l Weißwein

1. Birnen waschen, schälen, halbieren und das Kerngehäuse entfernen. 1/2 l Wasser, Zitronensaft und 50 g Zucker zum Kochen bringen. Die Birnenhälften darin zugedeckt 5–8 Minuten garen. Herausnehmen und abkühlen lassen.

2. Fett, 4 Eier, Mehl, Backpulver, Salz, Pfeffer und 1/8 l Wasser zu einem glatten Teig verrühren. Seitenwände einer hohen Auflaufform mit Speck auskleiden, so daß er ca. 3 cm über den Schüsselrand hinausragt.

3. Teig und Birnen abwechselnd einschichten. Mit einer Teigschicht abdecken. Speck darüberklappen. Den Auflauf im vorgeheizten Backofen (E-Herd: 175 °C / Umluft: 150 °C / Gas: Stufe 2) 1–1¼ Stunden goldbraun backen.

4. Inzwischen 2 Eier, 30 g Zucker und Wein mit dem Handrührgerät im heißen Wasserbad so lange aufschlagen, bis die Masse schaumig wird und hochsteigt. Die Weinschaum-Soße zum Auflauf servieren.

Zubereitungszeit ca. 1¾ Std.
Pro Portion ca. 950 kcal / 3990 kJ.
E 18 g, F 54 g, KH 85 g

Fenchel-Käse-Auflauf mit gekochtem Schinken

Zutaten für 4 Personen:

- 4 Fenchelknollen
- 2 Möhren (ca. 200 g)
- Salz
- 4 Scheiben gekochter Schinken (ca. 200 g)
- 1 EL (20 g) Butter/Margarine
- 40 g Mehl
- ½ l Milch
- 2 Ecken (à 62,5 g) Sahne-Schmelzkäse
- weißer Pfeffer
- geriebene Muskatnuß
- 1 Eigelb
- Fett für die Form

1. Fenchel putzen und waschen. Etwas Fenchelgrün zum Garnieren beiseite legen. Die Knollen längs in Scheiben schneiden. Möhren putzen, waschen und in dünne Scheiben schneiden. Gemüse in wenig Salzwasser ca. 5 Minuten zugedeckt dünsten. Schinken in Würfel schneiden.

2. Fett erhitzen, Mehl darin anschwitzen. Mit der Milch ablöschen, ca. 5 Minuten köcheln lassen. Käse darin schmelzen. Mit Salz, Pfeffer und Muskat abschmecken. Mit Eigelb legieren. Nicht mehr kochen!

3. Gemüse abgießen. Gemüse und Schinken in eine gefettete Auflaufform schichten und mit der Käsesoße übergießen. Im vorgeheizten Backofen (E-Herd: 225 °C/ Umluft: 200 °C / Gas: Stufe 4) ca. 20 Minuten überbacken. Mit Fenchelgrün garnieren.

Zubereitungszeit ca. 1 Std.
Pro Portion ca. 430 kcal / 1800 kJ.
E 24 g, F 26 g, KH 22 g

EXTRA-TIP

Damit das Eigelb beim Legieren der Soße nicht gerinnt, am besten etwas Soße mit Eigelb in einer Tasse verrühren, dann alles vorsichtig in die Soße rühren.

Überbackene Béchamel-Kartoffeln mit Fleischwurst

Zutaten für 4 Personen:

- 1 kg kleine Kartoffeln
- 1 mittelgroße Zwiebel
- 30 g + 10 g Butter/Margarine
- 30 g Mehl
- ¼ l Milch
- 1–2 EL klare Brühe (Instant)
- Salz
- weißer Pfeffer
- geriebene Muskatnuß
- 2 Stangen Porree (Lauch)
- 200 g Fleischwurst
- Fett für die Form
- 100 g mittelalter Gouda-Käse

1. Kartoffeln waschen und ca. 20 Minuten kochen. Zwiebel schälen und fein würfeln. 30 g Fett in einem Topf erhitzen. Zwiebel darin glasig dünsten, Mehl darüberstäuben und goldgelb anschwitzen. Mit ½ l Wasser und Milch ablöschen. Unter Rühren aufkochen. Brühe einrühren und auflösen. Mit Salz, Pfeffer und Muskat kräftig abschmecken.

2. Porree putzen, waschen und in Ringe schneiden. Wurst aus der Haut lösen, längs halbieren und in Scheiben schneiden. 10 g Fett in einer Pfanne erhitzen. Porree und Wurst darin anbraten. Mit Salz und Pfeffer würzen.

3. Kartoffeln abschrecken, etwas abkühlen lassen und schälen. Mit Porree und Wurst in eine gefettete feuerfeste Form geben. Soße darübergießen. Käse reiben und darüberstreuen. Im vorgeheizten Backofen (E-Herd: 200 °C/ Umluft: 175 °C / Gas: Stufe 3) 30 Minuten goldbraun überbacken.

Zubereitungszeit ca. 1¼ Std.
Pro Portion ca. 550 kcal / 2310 kJ.
E 24 g, F 30 g, KH 41 g

Blumenkohl-Auflauf mit Fleischkäse

Zutaten für 4 Personen:

- 750 g vorwiegend festkochende Kartoffeln
- 1 Blumenkohl (ca. 1 kg)
- 250 g Fleischkäse
- 3 EL Butter/Margarine
- 4 EL Mehl
- ⅜ l Milch
- 1 TL gekörnte Brühe (Instant)
- 100 g Edamer-Käse
- 1 Eigelb
- Salz
- weißer Pfeffer
- geriebene Muskatnuß
- ½ Bund Petersilie

1. Kartoffeln schälen, waschen, vierteln. Blumenkohl putzen, waschen und in Röschen teilen. Beides in ½ l kochendem Wasser ca. 10 Minuten garen. Abtropfen lassen. Gemüsewasser auffangen. Fleischkäse in Würfel schneiden.

2. Fett erhitzen, Mehl darin anschwitzen. Mit ⅜ l Gemüsewasser und Milch ablöschen. Brühe einrühren und auflösen. 5 Minuten unter gelegentlichem Rühren köcheln lassen. Käse reiben, unterrühren. Etwas Soße und Eigelb verquirlen und in die Soße rühren. Mit Salz, Pfeffer und Muskat würzen.

3. Kartoffeln, Blumenkohl und Fleischkäse in eine Auflaufform schichten. Mit der Soße begießen. Im vorgeheizten Backofen (E-Herd: 200 °C / Umluft: 175 °C/ Gas: Stufe 3) ca. 45 Minuten backen. Petersilie waschen, hacken und über den Auflauf streuen.

Zubereitungszeit ca. 1½ Std.
Pro Portion ca. 600 kcal / 2520 kJ.
E 22 g, F 37 g, KH 40 g

EXTRA-TIP

Blumenkohl vom Freiland vor dem Garen immer etwa 10 Minuten in kaltes Salzwasser legen. Dadurch werden evtl. Schädlinge herausgespült.

Sauerkraut-Auflauf mit Cabanossi & Senf-Honigrahm

Zutaten für 4 Personen:

- 500 g Kartoffeln
- Salz
- 2 mittelgroße Zwiebeln
- 2 EL Butterschmalz
- 1 Dose (850 ml) Weinsauerkraut
- 3 Lorbeerblätter
- 1 TL Kümmel
- 1 Bund Petersilie
- ⅛ l Milch
- weißer Pfeffer
- Fett für die Form
- 250 g Cabanossi
- 2 EL süßer Senf
- 2 Eigelb
- 2 EL Crème fraîche
- 2 EL Honig

1. Kartoffeln schälen, waschen und in Salzwasser ca. 25 Minuten zugedeckt kochen.

2. Zwiebeln schälen, fein hacken und im heißen Schmalz glasig dünsten. Sauerkraut mit andünsten. Mit Lorbeer, Pfeffer und Kümmel würzen. Ca. 15 Minuten köcheln.

3. Petersilie waschen und hacken. Kartoffeln abgießen, durch eine Kartoffelpresse drücken oder zerstampfen. Petersilie und Milch, bis auf 1 EL, unterrühren. Mit Salz und Pfeffer würzen.

4. Das Püree in eine gefettete Auflaufform füllen. Cabanossi in dünne Scheiben schneiden. Mit dem Sauerkraut vermischen und auf das Püree geben.

5. Für die Rahm-Kruste Senf, Eigelb, Crème fraîche, Honig und 1 Prise Pfeffer verrühren. Auf das Sauerkraut verteilen. Den Auflauf im vorgeheizten Backofen (E-Herd: 225 °C / Umluft: 200 °C / Gas: Stufe 4) ca. 10 Minuten überbacken. Vor dem Servieren mit der restlichen Petersilie bestreuen.

Zubereitungszeit ca. 1 Std.
Pro Portion ca. 500 kcal. / 2100 kJ.
E 22 g, F 29 g, KH 31 g

Buntes Gemüse und Mettwurst auf Kartoffelpüree

Zutaten für 4 Personen:

- Salz
- ¼ l Milch
- 1 EL Butter/Margarine
- 1 Packung Flockenpüree (4 Portionen; für ¾ l Flüssigkeit)
- weißer Pfeffer
- geriebene Muskatnuß
- 2 Packungen (à 300 g) TK-Farmers-Gemüse oder anderes gemischtes Gemüse
- 200 g Mettwurst im Stück
- 100 g Emmentaler-Käse
- Fett für die Form

1. ½ l Wasser und ½ TL Salz aufkochen. Topf vom Herd nehmen. Milch und Fett zufügen. Püreeflocken einrühren und ca. 1 Minute quellen lassen. Dann nochmals kräftig durchrühren. Püree mit Salz, Pfeffer und Muskat abschmecken.

2. Gemüse in wenig Salzwasser bei schwacher Hitze ca. 5 Minuten dünsten. Gemüse auf ein Sieb geben und gut abtropfen lassen.

3. Wurst in Scheiben schneiden. Käse grob reiben. Kartoffelpüree in einer gefetteten Auflaufform glattstreichen. Gemüse und Wurstscheiben darauf verteilen. Geriebenen Käse darüberstreuen.

4. Den Auflauf im vorgeheizten Backofen (E-Herd: 200 °C / Umluft: 175 °C / Gas: Stufe 3) ca. 15 Minuten goldbraun überbacken.

Zubereitungszeit ca. 45 Min.
Pro Portion ca. 460 kcal / 1930 kJ.
E 24 g, F 30 g, KH 20 g

Kartoffel-Rosenkohl-Auflauf mit Schinken

Zutaten für 4 Personen:

- 250 g gekochter Schinken im Stück
- 750 g Rosenkohl
- 750 g vorwiegend festkochende Kartoffeln
- Salz
- 4 mittelgroße Zwiebeln
- 1 Ecke (62,5 g) Schmelzkäse (40 % Fett)
- Fett für die Form
- 4 Eier
- ½ l Milch
- schwarzer Pfeffer
- geriebene Muskatnuß
- 1 EL Schnittlauch

1. Schinken in grobe Würfel schneiden. Rosenkohl putzen, waschen und je nach Größe halbieren. Kartoffeln schälen, waschen und grob würfeln. Kohl und Kartoffeln in kochendes Salzwasser geben und zugedeckt ca. 8 Minuten garen. Gemüse und Kartoffeln herausnehmen.

2. Zwiebeln schälen und in Spalten schneiden. Mit Schinken, Rosenkohl, Kartoffeln und Käseflöckchen in eine gefettete Auflaufform füllen. Eier und Milch verquirlen. Mit Salz, Pfeffer und Muskat würzen. Die Eiermilch über den Auflauf gießen.

3. Den Auflauf im vorgeheizten Backofen (E-Herd: 175 °C / Umluft: 150 °C / Gas: Stufe 2) ca. 1 Stunde goldbraun backen. Evtl. nach 45 Minuten mit Pergamentpapier abdecken. Schnittlauch waschen, fein schneiden und über den Auflauf streuen.

Zubereitungszeit ca. 1½ Std.
Pro Portion ca. 670 kcal / 2810 kJ.
E 36 g, F 34 g, KH 54 g

Gesunde Gemü

Vitamine zum Sattessen

seküche

Kerniger Blumenkohl-Broccoli-Auflauf

Zutaten für 4 Personen:

- 400 g kleine Kartoffeln
- Salz
- 500 g Blumenkohl
- 500 g Broccoli
- 250 g Möhren
- 100 g Hartkäse (z. B. Comté)
- 1 mittelgroße Zwiebel
- 1 EL (10 g) Butter/Margarine
- 1 EL (10 g) Mehl
- ¼ l Milch
- weißer Pfeffer
- geriebene Muskatnuß
- 2 Eier
- Fett für die Form
- 1–2 EL Sonnenblumenkerne
- evtl. gemischte Kräuter zum Garnieren

1. Kartoffeln schälen, waschen, halbieren. In Salzwasser ca. 10 Minuten garen. Gemüse putzen bzw. schälen, waschen. Kohl in Röschen, Möhren in Stücke schneiden. Gemüse in ½ l kochendem Salzwasser ca. 10 Minuten garen. Abgießen, Gemüsewasser dabei auffangen.

2. Käse reiben. Zwiebel schälen und fein würfeln. Im heißen Fett andünsten. Mit Mehl bestäuben und kurz anschwitzen. Gemüsewasser und Milch einrühren. Hälfte Käse darin schmelzen. Mit Salz, Pfeffer und Muskat abschmecken. Eier verquirlen, etwas Soße einrühren, dann alles in die Soße rühren.

3. Kartoffeln und Gemüse in eine gefettete feuerfeste Auflaufform füllen. Soße, Rest Käse und Sonnenblumenkerne darüber verteilen. Im heißen Backofen (E-Herd: 200 °C / Umluft 175 °C / Gas: Stufe 3) ca. 20 Minuten backen. Evtl. mit Kräutern garnieren.

Zubereitungszeit ca. 1 Std.
Pro Portion ca. 320 kcal / 1340 kJ.
E 20 g, F 14 g, KH 25 g

Spargel-Gratin mit Hähnchenfilet

Zutaten für 4 Personen:

- 750 g neue Kartoffeln
- 1 kg weißer Spargel
- Salz
- etwas Zucker
- 4 Hähnchenfilets (à ca. 150 g)
- 3 EL Öl
- weißer Pfeffer
- 100 g Gouda-Käse
- 25 g Butter/Margarine
- 25 g Mehl
- 100 g Schlagsahne
- Fett für die Form
- evtl. Kerbel zum Garnieren

1. Kartoffeln waschen und ca. 20 Minuten kochen. Spargel waschen, schälen, holzige Enden abschneiden. Spargel in Stücke schneiden und in ca. ½ l kochendem Salzwasser mit etwas Zucker 18–20 Minuten garen.

2. Filets waschen, trockentupfen und in 1 EL heißem Öl pro Seite 3–4 Minuten braten. Mit Salz und Pfeffer würzen und in Scheiben schneiden. Käse grob reiben. Kartoffeln abgießen, abschrecken und schälen. Spargel gut abtropfen lassen, Flüssigkeit auffangen und ¼ l Fond abmessen.

3. Fett schmelzen. Mehl darin anschwitzen. Unter Rühren mit Fond und Sahne ablöschen, aufkochen und mit Salz und Pfeffer würzen. ¾ vom Käse unterrühren.

4. Filets und Spargel in eine gefettete feuerfeste Auflaufform legen. Soße darübergießen, restlichen Käse darüberstreuen. Im heißen Backofen (E-Herd: 225 °C/ Umluft: 200 °C / Gas: Stufe 4) ca. 15 Minuten überbacken.

5. Kartoffeln in 2 EL heißem Öl braun braten, würzen. Alles anrichten und nach Belieben mit Kerbel garnieren.

Zubereitungszeit ca. 1¼ Std.
Pro Portion ca. 640 kcal / 2680 kJ.
E 50 g, F 30 g, KH 38 g

Rosenkohl-Auflauf mit Brotkruste

Zutaten für 4 Personen:

- 500 g Kartoffeln
- 750 g Rosenkohl
- Salz
- 500 g ausgelöstes Kasseler
- Fett für die Form
- 4 Eier (Gr. M)
- 2 TL mittelscharfer Senf
- weißer Pfeffer
- geriebene Muskatnuß
- 150 ml Milch
- 2 Scheiben Toastbrot
- einige Stiele frischer oder 1/2 TL getrockneter Thymian
- 1 EL Butter/Margarine

1. Kartoffeln schälen, waschen und würfeln. Rosenkohl putzen und waschen. Den Strunk jeweils kreuzweise einschneiden. Beides in Salzwasser ca. 5 Minuten vorgaren, gut abtropfen lassen.

2. Kasseler in Würfel schneiden. Mit Kartoffeln und Rosenkohl in eine gefettete feuerfeste Form geben. Eier, Senf, Salz, Pfeffer, Muskat und Milch verrühren und darübergießen. Im vorgeheizten Backofen (E-Herd: 200 °C / Umluft: 175 °C / Gas: Stufe 3) ca. 45 Minuten goldbraun backen.

3. Toast zerbröseln. Thymian waschen und Blättchen abzupfen. Fett erhitzen. Toastbrösel und Thymianblättchen darin kurz anrösten. Brot-Kräuter-Mischung 15 Minuten vor Ende der Garzeit auf dem Auflauf verteilen und alles fertiggaren.

Zubereitungszeit ca. 1 1/4 Std.
Pro Portion ca. 710 kcal / 2980 kJ.
E 52 g, F 37 g, KH 39 g

Blumenkohl-Curry-Auflauf

Zutaten für 4 Personen:

- 1 Blumenkohl (ca. 1 kg)
- Salz
- 500 g festkochende Kartoffeln
- 200 g Champignons
- 200 g Tomaten
- 2 EL Öl
- 30 g Butter/Margarine
- 30 g Mehl
- 2 TL klare Brühe (Instant)
- 100 g Schmelzkäse (50% Fett i. Tr.)
- 100 g Schlagsahne
- weißer Pfeffer
- 2 TL Curry
- Fett für die Form

1. Blumenkohl putzen und waschen. Nach Belieben in große Röschen teilen. In Salzwasser ca. 20 Minuten kochen. Gut abtropfen lassen.

2. Kartoffeln schälen, waschen, vierteln. Pilze und Tomaten putzen, waschen und in Scheiben schneiden. Öl erhitzen. Kartoffeln darin 8–10 Minuten braten. Ca. 4 Minuten vor Ende der Garzeit Champignons mit anbraten.

3. Fett erhitzen, Mehl darin anschwitzen. Unter Rühren mit ½ l Wasser ablöschen. Aufkochen und Brühe einrühren, ca. 5 Minuten köcheln. Käse in Stückchen darin schmelzen und Sahne einrühren. Mit Salz, Pfeffer und Curry würzen.

4. Gemüse und Pilze in eine gefettete Auflaufform füllen. Soße darübergießen. Im vorgeheizten Backofen (E-Herd: 200 °C / Umluft: 175 °C / Gas: Stufe 3) 15–20 Minuten goldgelb backen.

Zubereitungszeit ca. 1 Std.
Pro Portion ca. 420 kcal / 1760 kJ.
E 12 g, F 26 g, KH 31 g

Crespelle mit Spinat und Feta-Käse

Zutaten für 4 Personen:

- 200 g Mehl
- 4 Eier (Gr. M)
- ½ l Milch
- Salz
- 600 g Blattspinat
- 1 mittelgroße Zwiebel
- 1–2 Knoblauchzehen
- 1 EL Öl (z. B. Olivenöl)
- weißer Pfeffer
- geriebene Muskatnuß
- 200 g Feta-Käse (ersatzw. Mozzarella-Käse)
- ⅛ l Mineralwasser
- 5 TL Butter/Margarine
- Fett für die Form
- 30 g Parmesan-Käse im Stück

1. Mehl, Eier, Milch und 1 Prise Salz glatt verrühren. Ca. 15 Minuten quellen lassen.

2. Spinat putzen und gut waschen, abtropfen. Zwiebel und Knoblauch schälen, fein würfeln. Öl erhitzen. Zwiebel und Knoblauch darin glasig dünsten. Spinat zufügen und zusammenfallen lassen. Gut abtropfen lassen und würzen.

3. Feta würfeln. Mineralwasser in den Teig rühren. Fett portionsweise in einer Pfanne erhitzen. Aus dem Teig darin nacheinander 5 Pfannkuchen backen.

4. Spinat und Feta auf die Pfannkuchen verteilen. Aufrollen und in dicke Scheiben schneiden. In eine gefettete Auflaufform schichten. Parmesan reiben, darüberstreuen. Im vorgeheizten Backofen (E-Herd: 225 °C / Umluft: 200 °C/ Gas: Stufe 4) 10–15 Minuten goldgelb überbacken.

Zubereitungszeit ca. 1½ Std.
Pro Portion ca. 590 kcal / 2470 kJ.
E 31 g, F 30 g, KH 45 g

EXTRA-TIP

Pfannkuchenteig wird besonders locker, wenn Sie ihn mit kohlensäurehaltigem Mineralwasser anrühren.

Champignon-Broccoli-Auflauf mit Klößchen

Zutaten für 4 Personen:

- 750 g Broccoli
- Salz
- 250 g Champignons
- 250 g Tomaten
- 1 EL (15 g) Öl
- 3 feine ungebrühte Bratwürste (à ca. 100 g)
- 100 g mittelalter Gouda-Käse
- ½ l Milch
- 2–3 EL heller Soßenbinder
- weißer Pfeffer
- Fett für die Form
- evtl. Petersilie zum Garnieren

1. Broccoli putzen, waschen und in Röschen teilen. In kochendem Salzwasser ca. 5 Minuten garen. Champignons putzen, waschen und in Scheiben schneiden. Tomaten waschen, putzen und würfeln. Broccoli abtropfen lassen.

2. Öl erhitzen. Bratwurstmasse in Klößchen aus der Haut hineindrücken und anbraten. Herausnehmen. Pilze im Bratfett kurz anbraten, ebenfalls herausnehmen.

3. Käse grob reiben. Milch aufkochen und ⅔ Käse darin unter Rühren schmelzen. Soßenbinder einrühren, nochmals kurz aufkochen. Mit Salz und Pfeffer würzen.

4. Gemüse und Klößchen in eine gefettete Auflaufform geben. Soße darübergießen. Rest Käse darauf verteilen. Im vorgeheizten Backofen (E-Herd: 200 °C / Umluft: 175 °C / Gas: Stufe 3) ca. 25 Minuten backen. Mit Petersilie garnieren.

Zubereitungszeit ca. 1 Std.
Pro Portion ca. 490 kcal / 2050 kJ.
E 30 g, F 32 g, KH 16 g

Tomaten-Bohnen-Auflauf

Zutaten für 4 Personen:

- 500 g grüne Bohnen
- 750 g frische oder
  300 g TK-Dicke Bohnen
- etwas frisches Bohnenkraut
- Salz
- 3 Schinken-Krakauer (à ca. 100 g)
- 3 mittelgroße Zwiebeln
- 20 g Butter/Margarine
- 20 g Mehl
- ⅛ l Milch
- 1 TL Gemüsebrühe (Instant)
- 500 g Tomaten
- 75 g Emmentaler-Käse
- weißer Pfeffer
- Fett für die Form
- 3 Stiele Petersilie

1. Grüne Bohnen putzen, waschen und evtl. halbieren. Frische Dicke Bohnen enthülsen. Beide Bohnensorten mit etwas Bohnenkraut in kochendem Salzwasser zugedeckt ca. 15 Minuten garen.

2. Inzwischen Wurst in Scheiben schneiden. Zwiebeln schälen und kleinschneiden. Fett erhitzen. Zwiebeln andünsten. Mit Mehl bestäuben, anschwitzen. ⅛ l Wasser und Milch einrühren. Brühe zufügen und darin auflösen. Alles ca. 5 Minuten köcheln.

3. Tomaten waschen, putzen, in Scheiben schneiden. Käse reiben. Bohnen abtropfen lassen, Bohnenkraut entfernen. Krakauer und Bohnen unter die Soße heben. Mit Salz und Pfeffer würzen.

4. Alles in eine gefettete Auflaufform geben. Tomaten darauf verteilen. Mit Käse bestreuen. Im vorgeheizten Backofen (E-Herd: 200 °C / Umluft: 175 °C / Gas: Stufe 3) ca. 20 Minuten überbacken. Petersilie waschen, hakken und darüberstreuen.

Zubereitungszeit ca. 1 Std.
Pro Portion ca. 620 kcal / 2600 kJ.
E 55 g, F 26 g, KH 38 g

EXTRA-TIP

Kochen Sie grüne Bohnen stets mindestens 15 Minuten. Erst dann wird der darin enthaltene giftige Stoff Phasin unwirksam gemacht.

Mozzarella-Spinat-Auflauf mit Hack

Zutaten für 4 Personen:

- 200 g Bandnudeln
- Salz
- 500 g Spinat
- 3 mittelgroße Zwiebeln
- 1–2 Knoblauchzehen
- 2 Packungen (à 125 g) Mozzarella-Käse
- 1 TL Öl
- 400 g gemischtes Hackfleisch
- Cayennepfeffer
- 3 TL Tomatenmark
- Fett für die Form
- 1 EL Pinienkerne oder Mandeln

1. Nudeln in reichlich sprudelnd kochendem Salzwasser ca. 8 Minuten garen. Abtropfen lassen.

2. Inzwischen Spinat putzen, waschen und gut abtropfen lassen. Dann grob hacken. Zwiebeln und Knoblauch schälen und fein würfeln. Mozzarella abtropfen lassen und in sehr dünne Scheiben schneiden.

3. Öl erhitzen. Zwiebeln und Knoblauch darin andünsten. Hack ca. 5 Minuten unter Wenden krümelig braten. Mit Salz und Cayennepfeffer würzen. Tomatenmark unterrühren. Spinat zufügen und zusammenfallen lassen. Abschmecken.

4. Nudeln und die Hälfte der Hack-Mischung in eine gefettete Auflaufform füllen. Hälfte Mozzarella darauf verteilen. Restliche Hack-Mischung und Nudeln daraufgeben. Mit übrigem Mozzarella belegen. Pinienkerne daraufstreuen. Im vorgeheizten Backofen (E-Herd: 225 °C / Umluft: 200 °C/ Gas: Stufe 4) 10 Minuten backen.

Zubereitungszeit ca. 45 Min.
Pro Portion ca. 730 kcal / 3060 kJ.
E 41 g, F 42 g, KH 41 g

Broccoli-Nudeln mit Mandeln

Zutaten für 3–4 Personen:

- 350 g Bandnudeln
- Salz
- 750 g Broccoli
- 1 mittelgroße Zwiebel
- 30 g Butter/Margarine
- 40 g Mehl
- ¼ l Milch
- 1 TL Gemüsebrühe (Instant)
- 75–100 g Butterkäse
- schwarzer Pfeffer
- geriebene Muskatnuß
- Fett für die Form
- 30 g Mandeln ohne Haut (ganz oder Blättchen)

1. Nudeln in reichlich kochendes Salzwasser geben und ca. 6 Minuten bißfest garen. Broccoli putzen, waschen und in Röschen teilen. In gut ¼ l Salzwasser zugedeckt 3–4 Minuten dünsten.

2. Zwiebel schälen, hacken. Broccoli abtropfen lassen, Gemüsewasser auffangen. Nudeln abgießen.

3. Fett erhitzen. Zwiebel darin andünsten. Mehl darüberstäuben und anschwitzen. Gemüsewasser und Milch einrühren, Brühe zufügen. Ca. 5 Minuten köcheln lassen. Käse reiben, die Hälfte in der Soße unter Rühren schmelzen. Mit Salz, Pfeffer und Muskat abschmecken.

4. Nudeln und Broccoli in eine gefettete feuerfeste Form geben. Käsesoße gleichmäßig darüber verteilen. Mit Mandeln und restlichem Käse bestreuen. Im vorgeheizten Backofen (E-Herd: 200 °C/ Umluft: 175 °C / Gas: Stufe 3) 15–20 Minuten überbacken.

Zubereitungszeit ca. 1 Std.
Pro Portion ca. 620 kcal / 2600 kJ.
E 28 g, F 20 g, KH 83 g

EXTRA-TIP

Broccoli ist ein echter Fitmacher, der Vitamin C und Kalium liefert. Um diese wertvollen Stoffe zu schonen, am besten nur in wenig Wasser dünsten.

Tomaten-Spinat-Pfännchen mit Kernen

Zutaten für 4 Personen:

- 800 g Kartoffeln
- 8 Tomaten
- 600 g Blattspinat
- 4 TL (20 g) Öl
- Salz
- weißer Pfeffer
- 1 TL Gemüsebrühe (Instant)
- Fett für die Form
- 50 g Gouda-Käse
- 2 EL Sonnenblumenkerne

1. Kartoffeln waschen. In Wasser ca. 20 Minuten kochen. Inzwischen Tomaten waschen und in Scheiben schneiden.

2. Spinat verlesen und gründlich waschen. Im heißen Öl dünsten,

dann würzen. 200 ml Wasser angießen und die Brühe einrühren. Kartoffeln abgießen und schälen.

3. Kartoffeln, Spinat und Tomaten in 4 gefettete Gratinförmchen oder eine große Auflaufform füllen.

4. Käse reiben. Mit Sonnenblumenkernen über die Pfännchen streuen. Im vorgeheizten Backofen (E-Herd: 200 °C / Umluft 180 °C/ Gas: Stufe 3) oder unter dem Grill ca. 5 Minuten überbacken.

Zubereitungszeit ca. 40 Min.
Pro Portion ca. 380 kcal / 1590 kJ.
E 22 g, F 15 g, KH 36 g

Aufläufe

Spitzkohl-Gratin mit Mett in Käsesoße

Zutaten für 3–4 Personen:

- 500 g Kartoffeln
- Salz
- 1 kleiner Spitzkohl (ca. 500 g)
- 1 kleiner Blumenkohl (ca. 500 g)
- 250 g Schweinemett
- 1 EL Öl
- 1 Zwiebel
- Fett für die Form
- ⅛ l Milch
- 1 EL (20 g) Mehl
- 75 g Hartkäse (z. B. Greyerzer)
- weißer Pfeffer
- 2 EL Paniermehl
- 1 EL Butter/Margarine
- etwas Petersilie

1. Kartoffeln schälen, waschen und in Scheiben schneiden. In Salzwasser ca. 10 Minuten kochen.

2. Gemüse putzen, waschen. Spitzkohl in Stücke, Blumenkohl in Röschen schneiden. Beides in gut ⅜ l kochendem Salzwasser ca. 5 Minuten dünsten. Abtropfen und Gemüsewasser auffangen.

3. Mett im heißen Öl krümelig anbraten. Zwiebel schälen, hacken, mit andünsten. Kartoffeln abgießen und in eine gefettete Auflaufform füllen. Kohl und Mett darauf verteilen.

4. Gemüsewasser aufkochen. Milch und Mehl verquirlen, die Flüssigkeit damit binden. 3–4 Minuten köcheln. Käse reiben und in der Soße schmelzen. Mit Salz und Pfeffer abschmecken. Über den Auflauf gießen. Paniermehl und Fett in Flöckchen daraufsetzen. Im vorgeheizten Backofen (E-Herd: 200 °C / Umluft: 175 °C/ Gas: Stufe 3) 15–20 Minuten goldgelb überbacken. Petersilie waschen, hacken und überstreuen.

Zubereitungszeit ca. 1¼ Std.
Pro Portion ca. 520 kcal / 2180 kJ.
E 25 g, F 31 g, KH 32 g

mit viel Soße

Rundum ein saftiger Genuß

Püree-Auflauf mit Gemüse-Wurst-Ragout

Zutaten für 4 Personen:

- 450–600 g TK-„Erbsen und Karotten“
- Salz
- ¼ l Milch
- 1 Packung Kartoffel-Püree (4 Portionen; für ¾ l Flüssigkeit)
- 400 g Fleischwurst im Stück
- 1 mittelgroße Zwiebel
- 1 Päckchen „Helle Soße“ (für ¼ l Flüssigkeit)
- weißer Pfeffer
- Fett für die Form
- 1 EL Butter/Margarine
- 2 EL Paniermehl
- 1 EL TK-Petersilie

1. Gemüse unaufgetaut in einem großen Topf in gut ¼ l Salzwasser zugedeckt 8 Minuten dünsten.

2. ½ l Wasser und Salz aufkochen. Vom Herd nehmen. Milch zugießen und das Kartoffel-Püree einrühren. 1 Minute quellen lassen. Dann kräftig mit dem Schneebesen durchrühren.

3. Wurst häuten und in dünne Scheiben schneiden. Zwiebel schälen und würfeln. Gemüse abtropfen lassen, Fond auffangen und aufkochen. Soßenpulver einrühren, ca. 1 Minute köcheln lassen. Mit Salz und Pfeffer abschmecken. Wurstscheiben, Gemüse und Zwiebel unterheben.

4. Gemüse und Püree in eine gefettete Auflaufform schichten. Fett in Flöckchen und Paniermehl daraufsetzen. Im vorgeheizten Backofen (E-Herd: 200 °C / Umluft: 175 °C / Gas: Stufe 3) 15 Minuten goldbraun überbacken. Mit Petersilie bestreuen.

Zubereitungszeit ca. 45 Min.
Pro Portion ca. 670 kcal / 2810 kJ.
E 25 g, F 38 g, KH 53 g

Spargel-Schinken-Auflauf mit Käse-Rahm

Zutaten für 4 Personen:

- 1 kg weißer Spargel
- Salz
- 1 TL Zucker
- 1 EL Butter
- 600 g festkochende Kartoffeln
- Fett für die Form
- 250 g gekochter Schinken (in Scheiben)
- 25 g Butter/Margarine
- 25 g Mehl
- 1/8 l Weißwein
- 1 Ecke (62,5 g) Sahne-Schmelzkäse
- 150 g Crème fraîche
- weißer Pfeffer
- 50 g mittelalter Gouda-Käse

1. Spargel schälen, holzige Enden abschneiden. Spargel in Stücke schneiden. 1/2 l Wasser mit Salz, Zucker und Butter zum Kochen bringen und Spargel darin 15 Minuten garen.

2. Kartoffeln gründlich waschen. In Wasser ca. 15 Minuten kochen, schälen, abkühlen lassen und in Scheiben schneiden. In eine gefettete Auflaufform schichten. Schinken in Streifen schneiden und darauf verteilen. Spargel in einem Sieb abtropfen lassen. Spargelbrühe dabei auffangen. 1/8 l Flüssigkeit abmessen, beiseite stellen. Spargelstücke in der Form gleichmäßig verteilen.

3. Fett erhitzen. Mehl darin goldgelb anschwitzen. Wein und Spargelbrühe unter Rühren zufügen, aufkochen. Schmelzkäse in Flöckchen und Crème fraîche unterrühren. Mit Salz und Pfeffer abschmecken. Soße über den Auflauf gießen. Im vorgeheizten Backofen (E-Herd: 200 °C / Umluft: 175 °C / Gas: Stufe 3) ca. 25 Minuten überbacken. Gouda reiben, nach 15 Minuten über den Auflauf streuen und goldgelb überbacken.

Zubereitungszeit ca. 1 Std.
Pro Portion ca. 590 kcal / 2470 kJ.
E 25 g, F 39 g, KH 35 g

Gratiniertes Kohlrabi-Hähnchen-Ragout

Zutaten für 4 Personen:

- 2 mittelgroße Zwiebeln
- 1–2 Lorbeerblätter
- 2 Gewürznelken
- 1 TL schwarze Pfefferkörner
- Salz
- 1 Hähnchen (ca. 1,2 kg)
- 500 g Kartoffeln
- 250 g Möhren
- 1 mittelgroßer Kohlrabi
- 150 g Champignons
- 150 g TK-Erbsen
- 2 EL Butter/Margarine
- 2 EL heller Soßenbinder
- ¼ l Milch
- 100 g Crème fraîche
- weißer Pfeffer
- Fett für die Form
- 3 EL Paniermehl
- 40 g geriebener Emmentaler

1. Zwiebeln schälen. In einem großen Topf mit gut 1 l Wasser und Gewürzen aufkochen. Hähnchen waschen, darin ca. 1 Stunde garen.

2. Kartoffeln schälen, Gemüse und Pilze putzen. Alles waschen und kleinschneiden. Hühnerbrühe durchsieben, aufkochen. Gemüse, bis auf die Pilze, darin ca. 10 Minuten kochen. Erbsen nach 6 Minuten zugeben. Pilze in 1 EL Fett bräunen. Gemüse abtropfen lassen, Brühe dabei auffangen. Fleisch von Haut und Knochen lösen und in Stücke schneiden.

3. ½ l Brühe und Milch aufkochen, Soßenbinder einrühren, alles 5 Minuten köcheln lassen. Crème fraîche einrühren, abschmecken. Fleisch und Gemüse in eine große gefettete Auflaufform füllen, Soße darübergießen. Paniermehl, Käse und 1 EL Fett darauf verteilen. Im Backofen (E-Herd: 250 °C/ Umluft: 225 °C / Gas: Stufe 4–5) oder unter dem heißen Grill ca. 10 Minuten goldgelb überbacken.

Zubereitungszeit ca. 1½ Std.
Pro Portion ca. 650 kcal / 2730 kJ.
E 52g, F 31 g, KH 40 g

Kasseler-Lauch-Auflauf mit Butterkäse-Soße

Zutaten für 4 Personen:

- 1 kg Kartoffeln
- 1 dicke Stange Porree (Lauch)
- 500 g ausgelöstes Kasseler-Kotelett
- 2 EL Butter/Margarine
- weißer Pfeffer
- Salz
- ¼ l Milch
- 150–200 g Butterkäse (50 % Fett i. Tr.)
- Fett für die Form
- evtl. Petersilie zum Garnieren

1. Kartoffeln schälen, waschen und in Scheiben schneiden. Porree gründlich putzen, waschen und in Ringe schneiden. Kasseler waschen, trockentupfen und in grobe Würfel schneiden.

2. Fett in einem Topf erhitzen. Fleisch darin rundherum anbraten und herausnehmen. Kartoffeln und Porree im Bratfett ca. 5 Minuten andünsten. Mit Pfeffer und wenig Salz würzen. Herausnehmen und beiseite stellen.

3. Das Bratfett mit Milch ablöschen und kurz aufkochen. Käse in kleine Würfel schneiden. Die Hälfte davon in die Soße rühren und unter Rühren darin schmelzen lassen. Mit Salz und Pfeffer kräftig abschmecken.

4. Kasseler, Kartoffeln und Porree in eine gefettete feuerfeste Form schichten. Die Soße darübergießen und mit dem restlichen Käse bestreuen. Im vorgeheizten Backofen (E-Herd: 200 °C / Umluft: 175 °C / Gas: Stufe 3) ca. 20 Minuten goldbraun überbacken. Evtl. mit Petersilie garnieren.

Zubereitungszeit ca. 50 Min.
Pro Portion ca. 580 kcal / 2430 kJ.
E 43 g, F 24 g, KH 42 g

Schinken-Broccoli-Lasagne mit Sahne-Soße

Zutaten für 4 Personen:

- 2 EL Gemüsebrühe (Instant)
- 1 kg Broccoli
- 3 EL heller Soßenbinder
- 250 g Schlagsahne
- Salz
- schwarzer Pfeffer
- geriebene Muskatnuß
- Fett für die Form
- 9 Lasagneplatten
- 4 Scheiben (200 g) gekochter Schinken
- 150 g mittelalter Gouda-Käse
- evtl. Thymian zum Garnieren

1. ¾ l Wasser und Brühe aufkochen. Broccoli putzen, waschen und in kleine Röschen teilen. In der Brühe ca. 3 Minuten garen. Broccoli herausheben,

2. Gemüsewasser aufkochen, Soßenbinder einrühren, ca. 5 Minuten köcheln lassen. Sahne einrühren. Mit Salz, Pfeffer und Muskat pikant abschmecken.

3. Etwas Soße in eine gefettete eckige Auflaufform geben. Lasagneplatten, 2 Scheiben Schinken und ⅓ vom Broccoli hineinschichten. Mit etwas Soße begießen. Vorgang nochmals wiederholen. Dann mit Lasagneplatten, Broccoli und Soße abschließen.

4. Käse fein reiben und darüberstreuen. Lasagne im vorgeheizten Backofen (E-Herd: 200 °C/ Umluft: 175 °C / Gas: Stufe 3) ca. 45 Minuten backen. Evtl. mit etwas Thymian garnieren.

Zubereitungszeit ca. 1¼ Std.
Pro Portion ca. 620 kcal / 2600 kJ.
E 33 g, F 38 g, KH 36 g

EXTRA-TIP

Praktisch für Lasagne sind Teigplatten „ohne Vorkochen". Sie werden beim Backen genauso weich wie die, die man vorkochen muß, sparen Ihnen aber bei der Vorbereitung Zeit.

Würziges

Italienisches Kartoffel-Gratin mit Steinpilz-Sahne

Zutaten für 3–4 Personen:

- 10 g getrocknete Steinpilze
- 250 g Schlagsahne
- ⅛ l Milch
- 200 g Zucchini
- 750 g festkochende Kartoffeln
- Fett für die Form
- 125 g Mozzarella-Käse
- ½ Bund Thymian
- Salz
- weißer Pfeffer

1. Steinpilze in reichlich Wasser abspülen und abtropfen lassen.

In Sahne und Milch bei schwacher Hitze 15 Minuten dünsten.

2. Zucchini und Kartoffeln putzen bzw. schälen, waschen und in dünne Scheiben schneiden. Kartoffel- und Zucchinischeiben fächerförmig in eine gefettete Gratinform schichten.

3. Mozzarella in Scheiben schneiden und darauf verteilen. Thymian waschen, Blättchen abzupfen und zur Steinpilz-Sahne geben. Würzen und über das Gratin verteilen.

4. Im vorgeheizten Backofen (E-Herd: 200 °C / Umluft: 175 °C/ Gas: Stufe 3) ca. 50 Minuten backen. Evtl. nach 30 Minuten mit Pergamentpapier abdecken.

Zubereitungszeit ca. 1½ Std.
Pro Portion ca. 420 kcal / 1760 kJ.
E 12 g, F 26 g, KH 32 g

aus dem Süden

Frische Kräuter geben die typische Note

Provenzalischer Tomaten-Zucchini-Auflauf

Zutaten für 4 Personen:

- 100 g Langkornreis
- 250 ml klare Brühe (Instant)
- 1 Aubergine (ca. 250 g)
- 4 mittelgroße Tomaten
- 2 Zucchini (ca. 300 g)
- Salz
- 500 g Hähnchenfilet
- 4 EL Öl
- schwarzer Pfeffer
- 1 mittelgroße Zwiebel
- 1 kleiner Zweig Rosmarin
- ½ Bund Basilikum
- ½ –1 rote Chilischote
- 4 Eier
- ¼ l Milch

1. Reis und Brühe in eine Auflaufform geben. Offen im heißen Backofen (E-Herd: 200 °C / Umluft: 175 °C / Gas: Stufe 3) 25–30 Minuten ausquellen lassen.

2. Inzwischen Gemüse putzen, waschen und in Scheiben schneiden. Aubergine salzen. Fleisch waschen, trockentupfen und in 1 EL heißen Öl rundum ca. 8 Minuten braten. Würzen und herausnehmen. Zwiebel schälen und in Ringe schneiden. In 1 EL Öl braten. Herausnehmen. Aubergine trockentupfen. In 2 EL Öl anbraten.

3. Fleisch in Scheiben schneiden. Mit Gemüse auf dem Reis verteilen. Kräuter und Chili waschen. Kräuter hacken. Chili in Ringe schneiden. Eier, Kräuter, etwas Chili und Milch verrühren, würzen. Über den Auflauf gießen. Mit Rest Chili bestreuen. Bei gleicher Temperatur ca. 50 Minuten backen.

Zubereitungszeit ca. 1½ Std.
Pro Portion ca. 480 kcal / 2010 kJ.
E 41 g, F 20 g, KH 31 g

EXTRA-TIP

Kaufen Sie für Aufläufe reife, aber feste Tomaten. Ideal sind die Flaschentomaten, da sie ein gutes Aroma haben, beim Garen aber nicht zerfallen.

Griechischer Auberginen-Paprika-Auflauf

Zutaten für 8 Personen:

- 3–4 Auberginen (ca. 750 g)
- 750 g rote Paprika
- 4 Schweineschnitzel (à ca. 150 g)
- 6 EL Öl
- Salz
- schwarzer Pfeffer
- 400 g Schafskäse (40 % Fett)
- Fett für die Form
- 1 Töpfchen frischer oder 2 TL getrockneter Thymian
- 2 Knoblauchzehen
- 450 g saure Sahne
- 5 Eier
- 1 Zweig Rosmarin
- abgeriebene Schale von 1 unbehandelten Zitrone
- 8 paprikagefüllte Oliven

1. Gemüse putzen, waschen. Auberginen in dicke Scheiben und Paprika in Stücke schneiden. Schnitzel abtupfen und halbieren.

2. 1 EL Öl erhitzen. Schnitzel anbraten. Paprika kurz mit andünsten. Mit Salz und Pfeffer würzen, herausnehmen. Auberginen portionsweise in 5 EL Öl anbraten. Käse in Scheiben schneiden. Vorbereitete Zutaten in eine große gefettete Auflaufform schichten.

3. Thymian waschen. Knoblauch schälen. Beides hacken, mit Sahne, Eiern, Rosmarin und Zitrone verrühren. Würzen und darübergießen. Oliven halbieren und überstreuen. Im vorgeheizten Backofen (E-Herd: 200 °C / Umluft: 175 °C / Gas: Stufe 3) 40–50 Minuten backen.

Zubereitungszeit ca. 1¼ Std.
Pro Portion ca. 440 kcal / 1840 kJ.
E 33 g, F 29 g, KH 8 g

Überbackenes Salbei-Hähnchen mit Roquefort

Zutaten für 4 Personen:

- 150 g TK-Erbsen
- 300 g Hähnchenfilet
- Salz
- 2 EL Öl
- 250 g Nudeln (z. B. Penne)
- 1 Dose (425 ml) Mais
- ½ kleine rote Chilischote
  oder etwas Chilipulver
- 30 g Butter/Margarine
- 30 g Mehl
- ⅛ l klare Brühe (Instant)
- ¼ l Milch
- 100 g Roquefort-Käse
- schwarzer Pfeffer
- geriebene Muskatnuß
- Fett für die Form
- 1–2 Zweige Salbei

1. Erbsen auftauen. Fleisch waschen und trockentupfen. Mit Salz und Pfeffer würzen. Im heißen Öl ca. 10 Minuten braten.

2. Nudeln in reichlich kochendem Salzwasser ca. 10 Minuten garen. Gut abtropfen lassen.

3. Mais abtropfen. Chili waschen, entkernen, fein schneiden. Fleisch kurz ruhenlassen und in Scheiben schneiden.

4. Fett erhitzen. Mehl anschwitzen. Mit Brühe und Milch ablöschen und aufkochen. Käse zerbröckeln. Die Hälfte Käse einrühren. Mit Salz, Pfeffer und Muskat würzen.

5. Fleisch in eine gefettete Auflaufform geben. Salbei waschen, Blättchen abzupfen und, bis auf einen Rest, darüberstreuen. Nudeln und Gemüse einschichten. Soße und Rest Käse in Flöckchen darüber verteilen. Im vorgeheizten Backofen (E-Herd: 200 °C / Umluft: 175 °C/ Gas: Stufe 3) ca. 15 Minuten backen. Mit dem restlichen Salbei garnieren.

Zubereitungszeit ca. 1 Std.
Pro Portion ca. 620 kcal / 2600 kJ.
E 40 g, F 20 g, KH 67 g

Kartoffel-Spinat-Gratin mit Feta & Oliven

Zutaten für 3–4 Personen:

- 500 g vorwiegend festkochende Kartoffeln
- Salz
- 200 g Champignons
- 2 EL Öl (z. B. Olivenöl)
- 300 g Blattspinat
- 1 mittelgroße Zwiebel
- 1 Knoblauchzehe
- weißer Pfeffer
- Fett für die Form
- 150 g Feta-Käse
- 75 g schwarze Oliven ohne Stein
- 150 g Crème fraîche
- 4 EL Schlagsahne

1. Kartoffeln schälen, waschen und in Salzwasser zugedeckt ca. 20 Minuten kochen.

2. Pilze putzen, waschen und in Scheiben schneiden. In einem Topf im heißen Öl ca. 2 Minuten braten. Spinat verlesen, gründlich waschen und abtropfen lassen. Zwiebel und Knoblauch schälen und sehr fein hacken.

3. Pilze auis dem Topf nehmen und beiseite stellen. Zwiebel und Knoblauch im Bratfett glasig dünsten. Spinat zufügen und bei geschlossenem Deckel ca. 4 Minuten zusammenfallen lassen. Die überschüssige Flüssigkeit abgießen und den Spinat kräftig würzen. Die Champignons wieder unterheben.

4. Kartoffeln abgießen und etwas abkühlen lassen. Dann in Scheiben schneiden. Kartoffeln dachziegelartig an den Rand einer flachen gefetteten Auflaufform schichten. Die Pilz-Spinat-Mischung in die Mitte geben. Käse zerbröckeln und mit den Oliven über das Gemüse verteilen.

5. Crème fraîche und Sahne verrühren und darübergießen. Im vorgeheizten Backofen (E-Herd: 200 °C / Umluft: 175 °C / Gas: Stufe 3) 20–25 Minuten backen.

Zubereitungszeit ca. 1 Std.
Pro Portion ca. 390 kcal / 1630 kJ.
E 13 g, F 28 g, KH 19 g

Auberginen-Auflauf alla Toscana

Zutaten für 4 Personen:

- 750 g Auberginen
- Salz
- 750 g große festkochende Kartoffeln
- 1 mittelgroße Zwiebel
- 1–2 Knoblauchzehen
- ca. 8 EL Öl (z. B. Olivenöl)
- 1 Dose (850 ml) Tomaten
- ½–1 Töpfchen Basilikum
- weißer Pfeffer
- Fett für die Form
- 100 g Pecorino-Käse (ersatzw. Parmesan)

1. Auberginen putzen, waschen, längs in Scheiben schneiden. Mit Salz bestreuen, ca. 15 Minuten ziehen lassen. Kartoffeln schälen, waschen und längs in dünne Scheiben schneiden.

2. Zwiebel und Knoblauch schälen, hacken. 1 EL Öl erhitzen, Zwiebel und Knoblauch darin andünsten. Tomaten mit Saft zufügen und etwas zerkleinern. Alles 5–10 Minuten köcheln. Basilikum waschen, Blättchen abzupfen und in Streifen schneiden. In die Soße geben und mit Salz und Pfeffer würzen.

3. Auberginen trockentupfen. Mit den Kartoffeln portionsweise im restlichen Öl goldbraun braten. Mit Salz und Pfeffer würzen.

4. Gemüse und Soße in eine gefettete Auflaufform schichten. Käse reiben, über den Auflauf streuen. Im vorgeheizten Backofen (E-Herd: 200 °C / Umluft: 175 °C / Gas: Stufe 3) ca. 20 Minuten backen.

Zubereitungszeit ca. 1¼ Std.
Pro Portion ca. 420 kcal / 1760 kJ.
E 17 g, F 23 g, KH 33 g

Rosmarin-Kartoffeln zu knusprigen Hähnchenteilen

Zutaten für 4 Personen:

- 800 g festkochende Kartoffeln
- 4 Hähnchenkeulen (750 g)
- 8 Hähnchenflügel (400 g)
- Salz
- Cayennepfeffer
- etwas Öl + 1–2 TL Öl
- 75–100 g Hartkäse (z. B. Comté oder Parmesan)
- 100–150 g Crème fraîche
- weißer Pfeffer
- 1–2 Zweige Rosmarin und 2–3 Stiele Thymian oder 1–2 TL Kräuter der Provence
- Fett für die Form
- Alufolie

1. Kartoffeln gut waschen bzw. abbürsten. In Wasser ca. 20 Minuten zugedeckt kochen.

2. Inzwischen Keulen im Gelenk halbieren. Keulen und Flügel waschen und trockentupfen. Mit Salz und Cayennepfeffer einreiben. Auf der geölten Fettpfanne im vorgeheizten Backofen (E-Herd: 200 °C / Umluft: 175 °C / Gas: Stufe 3) 25–35 Minuten braten.

3. Käse reiben. Mit Crème fraîche verrühren. Mit Salz und Pfeffer würzen. Kräuter waschen und, bis auf einen Rest, abzupfen.

4. Kartoffeln abschrecken, längs halbieren. Mit der Schnittfläche nach oben in eine gefettete flache feuerfeste Form setzen. Käse und Kräuter darübergeben. Mit 1–2 TL Öl beträufeln.

5. Hähnchen in Alufolie im Ofen warm halten. Kartoffeln bei gleicher Temperatur so lange überbacken, bis der Käse geschmolzen ist. Alles anrichten. Mit restlichen Kräutern garnieren.

Zubereitungszeit ca. 1 Std.
Pro Portion ca. 640 kcal / 2680 kJ.
E 69 g, F 25 g, KH 30 g

Raffiniert grat

Außen kroß und innen zart

niert

Schinken-Pfannkuchen-Rollen mit Pilzrahm

Zutaten für 4 Personen:

- 4 Eier (Gr. M)
- $\frac{3}{8}$ l + $\frac{1}{4}$ l + 75 ml Milch
- Salz
- 200 g + 40 g Mehl
- 3 EL Butter/Margarine
- $\frac{1}{4}$ l klare Brühe (Instant)
- 150 g Doppelrahm-Frischkäse mit Kräutern
- weißer Pfeffer
- geriebene Muskatnuß
- 1 Bund Petersilie
- 500 g Champignons
- 4 EL Öl
- 6 Scheiben (ca. 200 g) gekochter Schinken
- 75 g mittelalter Gouda-Käse

1. Eier, $\frac{3}{8}$ l Milch, 1 Prise Salz und 200 g Mehl verrühren. Teig ca. 30 Minuten quellen lassen. 2 EL Fett erhitzen und 40 g Mehl darin anschwitzen. Mit $\frac{1}{4}$ l Milch und Brühe ablöschen. Ca. 5 Minuten köcheln lassen. Frischkäse dazugeben, darin schmelzen. Würzen. Petersilie waschen, fein hacken und unterrühren.

2. Champignons putzen, waschen und in Scheiben schneiden. 1 EL Fett in einem Topf erhitzen, die Pilze darin andünsten. Würzen. Hälfte Soße unterrühren.

3. Öl portionsweise in einer mittelgroßen Pfanne erhitzen. Nacheinander 6 Pfannkuchen backen.

4. Pfannkuchen mit je 1 Scheibe Schinken belegen. Soße daraufstreichen. Pfannkuchen aufrollen, in Scheiben schneiden und in eine feuerfeste Form legen. Restliche Käsesoße mit 75 ml Milch verrühren und über die Pfannkuchen-Rollen gießen. Käse grob raspeln und darüberstreuen.

5. Unter dem heißen Grill oder im vorgeheizten Backofen (E-Herd: 250 °C / Umluft: 225 °C / Gas: Stufe 4–5) ca. 5 Minuten goldbraun überbacken.

Zubereitungszeit ca. $1\frac{1}{4}$ Std.
Pro Portion ca. 910 kcal / 3820 kJ.
E 41 g, F 55 g, KH 56 g

Kabeljaufilet mit kerniger Kräuterkruste

Zutaten für 4 Personen:

- 800 g Kabeljaufilet
- 2 EL Zitronensaft
- 1 Bund Petersilie
- 2 mittelgroße Zwiebeln
- 75 g kernige Haferflocken
- ca. 1 TL mittelscharfer Senf
- 150 g Crème fraîche
- 1 Ei
- Salz
- weißer Pfeffer
- ¼ l Milch
- 1 Packung Kartoffel-Püree (4 Portionen; für ¾ l Flüsigkeit)
- Fett für die Form

1. Fisch waschen und mit Küchenpapier trockentupfen. Dann mit Zitronensaft beträufeln und kurz ziehen lassen.

2. Inzwischen Petersilie waschen und, bis auf etwas zum Garnieren, fein hacken. Zwiebeln schälen und würfeln. Beides mit Haferflokken, Senf, Crème fraîche und Ei vermischen. Mit Salz und Pfeffer kräftig abschmecken.

3. ½ l Wasser und 1 TL Salz aufkochen. Vom Herd ziehen, Milch zugießen. Kartoffel-Püree einrühren, ca. 1 Minute quellen lassen. Dann nochmals kräftig durchrühren. Püree in eine gefettete Auflaufform füllen.

4. Fisch mit Salz und Pfeffer würzen und auf das Püree legen. Kräutermasse daraufstreichen. Im vorgeheizten Backofen (E-Herd: 200 °C / Umluft: 175 °C / Gas: Stufe 3) ca. 30 Minuten goldbraun überbacken. Mit der restlichen Petersilie garnieren.

Zubereitungszeit ca. 50 Min.
Pro Portion ca. 490 kcal / 2050 kJ.
E 44 g, F 18 g, KH 38 g

Porree im Käse-Speck-Mantel auf Püree

Zutaten für 4 Personen:

- 4 große Stangen Porree (Lauch) (à ca. 250 g)
- Salz
- ¼ l Milch
- 1 Packung Kartoffel-Püree (4 Portionen; für ¾ l Flüssigkeit)
- geriebene Muskatnuß
- 8 dünne Scheiben (ca. 300 g) mittelalter Gouda-Käse
- 8 dünne Scheiben (ca. 50 g) Frühstücksspeck
- Fett für die Form
- ½ Bund Petersilie
- schwarzer Pfeffer

1. Porree putzen, unter fließend kaltem Wasser gründlich waschen. Dann halbieren und in kochendem Salzwasser 15–18 Minuten garen.

2. ½ l Wasser und 1 TL Salz in einem Topf aufkochen. Milch zugießen und das Kartoffel-Püree einrühren. Ca. 1 Minute ausquellen lassen und dann nochmals kräftig durchrühren. Mit Muskat würzig abschmecken.

3. Die Porreestangen gut abtropfen lassen und mit je 1 Scheibe Käse und Speck fest umwickeln.

4. Das Kartoffel-Püree in eine gefettete feuerfeste Form streichen oder spritzen. Die Porreestangen darauflegen und im vorgeheizten Backofen (E-Herd: 200 °C / Umluft: 175 °C / Gas: Stufe 3) 15–20 Minuten goldgelb backen. Petersilie waschen und fein hacken. Porree mit Petersilie und Pfeffer bestreuen.

Zubereitungszeit ca. 45 Min.
Pro Portion ca. 530 kcal / 2220 kJ.
E 27 g, F 32 g, KH 30 g

Feines Kohl-Gratin mit Sesam

Zutaten für 4 Personen:

- 500 g Kartoffeln
- 1 Blumenkohl (ca. 750 g)
- 1 kleiner Spitzkohl (ca. 600 g)
- ½ l Gemüsebrühe (Instant)
- 1 EL Sesam
- 1 kleine Zwiebel
- 1 EL (20 g) Butter/Margarine
- 1 TL Curry
- 1 EL (15 g) Mehl
- 100 ml Milch
- Salz
- weißer Pfeffer
- Fett für die Form
- 200 g Gratin-Käse (aus der Packung)

1. Kartoffeln waschen und in wenig Wasser ca. 20 Minuten zugedeckt garen.

2. In der Zwischenzeit Blumenkohl putzen, waschen und in Röschen teilen. Spitzkohl putzen, vierteln und waschen. Blumenkohl und Spitzkohl in kochender Brühe zugedeckt ca. 10 Minuten garen. Kohl abtropfen lassen und die Brühe dabei auffangen.

3. Sesam ohne Fettzugabe in einer Pfanne goldgelb rösten, sofort herausnehmen. Zwiebel schälen, würfeln. Fett erhitzen, Zwiebel darin andünsten. Curry und Mehl kurz darin anschwitzen. Mit ⅜ l Gemüsebrühe und Milch ablöschen, ca. 5 Minuten köcheln lassen. Mit Salz und Pfeffer abschmecken.

4. Kartoffeln abgießen, abschrekken und schälen. Spitzkohlviertel in jeweils 3 Spalten schneiden. Kartoffeln in Scheiben schneiden.

5. Eine große Gratinform fetten. Kartoffeln an den Formrand legen. Blumenkohl und Spitzkohl in die Mitte geben. Alles mit Soße übergießen. Mit Käse und Sesam bestreuen. Im vorgeheizten Backofen (E-Herd: 200 °C / Umluft: 175 °C / Gas: Stufe 3) 30–35 Minuten goldbraun backen.

**Zubereitungszeit ca. 1¼ Std.
Pro Portion ca. 380 kcal / 1590 kJ.
E 23 g, F 20 g, KH 25 g**

Stangenspargel mit Spinat-Käse-Haube

Zutaten für 4 Personen:

- 1,5–2 kg weißer Spargel
- Salz
- etwas Zucker
- 500 g Blattspinat
- 1 kleine Zwiebel
- 1 TL + 2 EL Butter/Margarine
- weißer Pfeffer
- geriebene Muskatnuß
- 3 EL (ca. 30 g) Mehl
- 125 g Schlagsahne
- ⅛ l Milch
- 50 g Parmesan- oder mittelalter Gouda-Käse
- 1 Eigelb
- Fett für die Form

1. Spargel waschen, schälen und die holzigen Enden abschneiden. Spargel in kochendem, leicht gesalzenem Wasser mit Zucker 10–15 Minuten garen.

2. Spinat putzen und waschen. Zwiebel schälen und hacken. In 1 TL heißem Fett glasig dünsten. Spinat zufügen, ca. 5 Minuten dünsten. Mit Salz, Pfeffer und Muskat pikant abschmecken.

3. Spargel abtropfen lassen, Wasser auffangen. Mehl in 2 EL heißem Fett anschwitzen. Mit ¼ l Spargelwasser, Sahne und Milch ablöschen. Ca. 5 Minuten köcheln lassen. 2 EL Käse einrühren. Eigelb und 2 EL Soße verquirlen. In die Soße einrühren, würzen. Nicht mehr kochen lassen!

4. Spargel in eine gefettete Auflaufform legen. Spinat darauf verteilen und mit der Soße begießen. Rest Käse darüberstreuen. Im vorgeheizten Backofen (E-Herd: 200 °C / Umluft: 175 °C / Gas: Stufe 3) 30–35 Minuten goldbraun backen.

Zubereitungszeit ca. 1½ Std.
Pro Portion ca. 400 kcal / 1680 kJ.
E 21 g, F 27 g, KH 19 g

Festliches

Feine Broccoli-Filet-Pfännchen

Zutaten für 4 Personen:

- 2 Schweinefilets (ca. 600 g)
- Salz
- weißer Pfeffer
- 1–2 EL Öl
- 750 g Broccoli
- 150–200 g Hartkäse (z. B. Greyerzer oder Comté)
- evtl. 1 TL rosa Beeren (pfefferähnliches Gewürz)
- Fett für die Förmchen
- evtl. 1–2 EL Soßenbinder
- ¼ l Milch
- 4 EL Cognac oder Weinbrand

1. Filets waschen, trockentupfen. Mit Salz und Pfeffer würzen. Im heißen Öl rundherum anbraten. Zugedeckt 10–15 Minuten weiterbraten, bis sie braun sind.

2. Broccoli putzen, waschen und in Röschen teilen. In wenig Salzwasser zugedeckt ca. 5 Minuten dünsten. Abtropfen lassen. Käse reiben. Evtl. rosa Beeren grob zerstoßen.

3. Filets herausnehmen. Bratensatz mit Milch und Cognac lösen, aufkochen. Hälfte Käse in der Soße schmelzen. Mit Soßenbinder binden und mit rosa Beeren und Salz abschmecken.

4. Filets aufschneiden, mit dem Broccoli in gefettete feuerfeste Förmchen geben. Soße darübergießen und Rest Käse darüberstreuen. Im vorgeheizten Backofen (E-Herd: 225 °C / Umluft: 200 °C/ Gas: Stufe 4) ca. 5 Minuten gratinieren. Dazu schmecken Bandnudeln oder Kroketten.

Zubereitungszeit ca. 45 Min.
Pro Portion ca. 450 kcal / 1890 kJ.
E 50 g, F 20 g, KH 8 g

EXTRA-TIP

Sie können die Pfännchen schon einige Zeit bevor Ihre Gäste kommen fertig vorbereiten. Später nur noch kurz in den Ofen schieben, bis der Käse geschmolzen ist.

für Gäste

Prima vorbereitet, schnell serviert

Putenschnitzel in Zwiebel-Rahm

Zutaten für 4 Personen:

- 1 Beutel Zwiebelsuppe (für ¾ l Flüssigkeit)
- 200 g Schlagsahne
- 200 ml Milch
- 4 Putenschnitzel (à ca. 150 g)
- Fett für die Form
- 1 kg Kartoffeln
- 750 g Rosenkohl
- Salz
- 1 kleine Zwiebel
- 30 g geräucherter durchwachsener Speck
- 1 EL (10 g) Butter/Margarine
- ½ Bund Petersilie

1. Zwiebelsuppen-Pulver, Sahne und Milch verrühren. Schnitzel kurz waschen, mit Küchenpapier trockentupfen und in eine gefettete feuerfeste Form legen. Mit der Zwiebelsahne übergießen. Zugedeckt über Nacht im Kühlschrank marinieren lassen.

2. Am nächsten Tag die Schnitzel in der Form im vorgeheizten Backofen (E-Herd: 200 °C / Umluft: 175 °C / Gas: Stufe 3) ca. 40 Minuten goldbraun backen.

3. In der Zwischenzeit Kartoffeln schälen und waschen. In Salzwasser ca. 25 Minuten zugedeckt garen. Rosenkohl putzen und waschen. In wenig kochendem Salzwasser zugedeckt bei mittlerer Hitze 20–25 Minuten garen.

4. Zwiebel schälen und fein würfeln. Speck ebenfalls würfeln. Rosenkohl abgießen. Fett erhitzen. Speck darin auslassen, Zwiebelwürfel zugeben, goldbraun andünsten. Rosenkohl darin schwenken.

5. Petersilie waschen und, bis auf etwas zum Garnieren, hacken. Alles anrichten. Petersilie über die Kartoffeln streuen, die Schnitzel mit der restlichen Petersilie garnieren.

Zubereitungszeit ca. 50 Min.
Wartezeit ca. 12 Std.
Pro Portion ca. 510 kcal / 2140 kJ.
E 47 g, F 28 g, KH 13 g

Käse-Reis-Gratin mit Sauce Hollandaise

Zutaten für 4 Personen:

- 1 EL Gemüsebrühe
- 250 g Langkornreis
- 150 g mittelalter Gouda-Käse
- Fett für die Form
- 3 Eier (Gr. M)
- 100 g Schlagsahne
- Salz
- weißer Pfeffer
- 750 g Broccoli
- 1 Beutel (30 g) „Zubereitung für Sauce Hollandaise“ (für 125 g Butter)
- 125 g Butter
- 12–16 dünne Scheiben (ca. 250 g) Schwarzwälder Schinken
- evtl. Kerbel zum Garnieren

1. ½ l Wasser und Brühe aufkochen. Reis darin zugedeckt bei schwacher Hitze ca. 20 Minuten ausquellen lassen.

2. Käse reiben. Die Hälfte unter den Reis mischen. In eine gefettete Gratinform (ca. 23 cm Ø) füllen. Eier und Sahne verquirlen, würzen. Über den Reis gießen. Rest Käse darüberstreuen. Im vorgeheizten Backofen (E-Herd: 200 °C / Umluft: 175 °C / Gas: Stufe 3) 35–40 Minuten goldbraun backen.

3. Inzwischen Broccoli putzen, waschen und in Röschen teilen. In gut ¼ l Wasser zugedeckt ca. 6 Minuten garen. Herausheben. Gemüsewasser aufkochen, Soßenpulver einrühren und ca. 1 Minute köcheln lassen. Butter darunterschlagen und die Soße abschmecken.

4. Broccoli in der Soße erhitzen. Mit Schinken und dem Reis-Gratin anrichten. Evtl. mit Kerbelblättchen garnieren.

Zubereitungszeit ca. 1½ Std.
Pro Portion ca. 650 kcal / 2730 kJ.
E 20 g, F 51 g, KH 27 g

Brot-Auflauf „Hawaii" vom Blech

Zutaten für ca. 16 Stücke:

- 2 kg Porree (Lauch)
- 2 EL Öl
- Salz
- weißer Pfeffer
- Fett für die Fettpfanne
- 400 g Schlagsahne
- 4 Eier
- 6 Scheiben (180 g) frisches Weißbrot
- 1 Dose (850 ml) Ananas
- 8 Scheiben (ca. 400 g) gekochter Schinken
- 8 Scheiben (ca. 400 g) Käse (z. B. mittelalter Gouda)

1. Porree putzen, waschen und in dicke Scheiben schneiden. In heißem Öl ca. 3 Minuten andünsten. Mit Salz und Pfeffer würzen. Auf der gefetteten Fettpfanne des Backofens verteilen.

2. Sahne und Eier verquirlen. Mit Salz und Pfeffer würzen und darübergießen. Im vorgeheizten Backofen (E-Herd: 200 °C/ Umluft: 175 °C / Gas: Stufe 3) 10–15 Minuten stocken lassen.

3. Brot toasten und grob würfeln. Ananas, Schinken und Käse

vierteln. Schinken, Ananas und Brot auf dem Porree verteilen. Mit Käsescheiben belegen und bei gleicher Temperatur 20–30 Minuten weiterbacken, bis die Käsekruste goldgelb ist.

Zubereitungszeit ca. 50 Min.
Pro Stück ca. 330 kcal / 1380 kJ.
E 18 g, F 21 g, KH 14 g

Hackkuchen mit Tomaten und Oliven

Zutaten für 16 Stücke:

- 4 Brötchen vom Vortag
- 4 Zwiebeln
- 4 Knoblauchzehen
- 2 kg gemischtes Hackfleisch
- 4 Eier (Gr. M)
- 2 TL getrockneter Majoran
- Salz
- schwarzer Pfeffer
- Fett für die Fettpfanne
- 4 mittelgroße Tomaten
- einige paprikagefüllte Oliven
- Majoran zum Garnieren
- Klarsichtfolie

1. Brötchen in kaltem Wasser einweichen. Zwiebeln schälen und würfeln. Knoblauch schälen und fein hacken. Brötchen ausdrücken. Hack, Brötchen, Zwiebeln, Knoblauch, Eier und Majoran verkneten. Mit Salz und Pfeffer abschmecken.

2. Fettpfanne des Backofens einfetten. Hackteig auf ein Stück Klarsichtfolie legen. Ein zweites Stück Folie darauflegen. Teig mit einer Kuchenrolle zwischen beiden Folien auf Blechgröße ausrollen. Eine Folie abziehen. Teig mit Hilfe der Folie umgedreht aufs Blech heben. Folie entfernen.

3. Tomaten waschen, in Scheiben schneiden. Auf dem Teig verteilen. Mit Pfeffer bestreuen.

4. Den Hackkuchen im vorgeheizten Backofen (E-Herd: 200 °C/ Umluft: 175 °C / Gas: Stufe 3) ca. 30 Minuten backen. Oliven in Scheiben schneiden. Majoran waschen und abzupfen. Den Hackkuchen damit garnieren.

Zubereitungszeit ca. 1 Std.
Pro Stück ca. 360 kcal / 1510 kJ.
E 21 g, F 26 g, KH 6 g.

Blechkartoffeln mit Frischkäse und Bacon

Zutaten für 4 Personen:

- 8 Kartoffeln (à ca. 175 g)
- 2 EL Öl
- 3 EL grobes Salz
- 4 mittelgroße Tomaten
- 1 kleine Gemüsezwiebel
- ½ Bund Thymian
- 75 g Frischkäse mit Kräutern
- 1 Eigelb
- 3 Lauchzwiebeln
- 50 g Frühstücksspeck (Bacon)
- 125 g Raclette-Käse

1. Kartoffeln waschen, trockentupfen und halbieren. Backblech mit Öl bestreichen und mit Salz bestreuen. Kartoffeln mit der Schnittseite nach oben auf das Blech legen und im vorgeheizten Backofen (E-Herd: 200 °C / Umluft: 175 °C / Gas: Stufe 3) ca. 30 Minuten goldbraun backen.

2. Tomaten putzen und waschen. Tomaten vierteln, entkernen und würfeln. Zwiebel schälen, hacken. Thymian waschen, Blättchen abzupfen. Mit Tomaten, Zwiebel, Frischkäse und Eigelb mischen.

3. Lauchzwiebeln putzen, waschen und in feine Ringe schneiden. Speckscheiben halbieren, Käse in dünne Scheiben schneiden.

4. Die Frischkäsemasse auf die Hälfte der Kartoffeln verteilen. Restliche Kartoffeln mit Lauchzwiebeln, Käse und Speck belegen. Kartoffeln bei gleicher Temperatur weitere 10 Minuten backen.

Zubereitungszeit ca. 1 Std.
Pro Portion ca. 540 kcal / 2260 kJ.
E 19 g, F 23 g, KH 61 g

EXTRA-TIP

Sie können die Kartoffeln auch bereits am Vortag 15 Minuten vorkochen. Mit Käse und Speck belegt dann nur noch 10 Minuten im Backofen überbacken.

Bunter Kartoffel-Kasseler-Auflauf

Zutaten für 4 Personen:

- 500 g festkochende Kartoffeln
- Salz
- 1 Bund Lauchzwiebeln oder 1 Stange Porree (Lauch)
- 250 g Tomaten
- 400 g ausgelöstes Kasseler-Kotelett
- 4 Eier
- ¼ l Milch
- schwarzer Pfeffer
- geriebene Muskatnuß
- einige Stiele frischer oder ca. 1 TL getrockneter Thymian
- evtl. 2–3 Stiele Salbei
- 100 g mittelalter Gouda-Käse
- Fett für die Form

1. Kartoffeln schälen, waschen und in Scheiben schneiden. In kochendem Salzwasser ca. 3 Minuten blanchieren. Abtropfen lassen. Lauchzwiebeln oder Porree und Tomaten putzen, waschen und kleinschneiden. Fleisch waschen, trockentupfen und in Streifen schneiden.

2. Eier und Milch verquirlen. Mit Salz, Pfeffer und Muskat würzen. Kräuter waschen, Blättchen abzupfen. Hälfte von Käse und Kräutern unterrühren.

3. Eine große flache, feuerfeste Form fetten. Kartoffeln einschichten. Zwiebeln, Tomaten und Fleisch darauf verteilen. Mit Eiermilch übergießen. Restliche Kräuter und übrigen Käse darüberstreuen.

4. Im vorgeheizten Backofen (E-Herd: 200 °C / Umluft: 175 °C/ Gas: Stufe 3) ca. 45 Minuten backen. Evtl. nach 30 Minuten mit Pergamentpapier abdecken.

Zubereitungszeit ca. 1¼ Std.
Pro Portion ca. 490 kcal / 2050 kJ.
E 41 g, F 22 g, KH 29 g

Herzhafte

Rosenkohl-Torte mit Frühstücksspeck

Zutaten für ca. 8 Stücke:

- 150 ml + 250 ml Milch
- 1 Würfel (42 g) Hefe
- 300 g Mehl
- 30 g Butter/Margarine
- Salz
- weißer Pfeffer
- 1 kg Rosenkohl
- 3 Eier
- geriebene Muskatnuß
- Mehl für die Arbeitsfläche
- Fett für die Form
- 50 g Frühstücksspeck in dünnen Scheiben (Bacon)

1. 150 ml Milch erwärmen. Hefe zerbröckeln und in der Milch auflösen. Mit Mehl, weichem Fett und ½ TL Salz verkneten. Zugedeckt an einem warmen Ort ca. 30 Minuten gehen lassen.

2. In der Zwischenzeit Rosenkohl putzen und waschen. Am Strunk kreuzweise einschneiden. Rosenkohl in kochendem Salzwasser 15 Minuten vorgaren und abgießen. Eier und 250 ml Milch verquirlen. Mit Salz, Pfeffer und Muskat kräftig würzen.

3. Teig nochmals durchkneten. Auf wenig Mehl rund (ca. 33 cm Ø) ausrollen. Eine Springform (24 cm Ø) fetten und mit Teig auslegen. Überstehenden Teigrand abschneiden, zu 2 Strängen formen und zu einer Kordel drehen.

4. Rosenkohl in die Form füllen. Die Eiermilch darübergießen und mit Speckscheiben belegen. Teigkordel um den Rand legen. Die Rosenkohl-Torte im vorgeheizten Backofen (E-Herd: 200 °C/ Umluft: 175 °C / Gas: Stufe 3) ca. 45 Minuten goldbraun backen.

Zubereitungszeit ca. 1¾ Std.
Pro Stück ca. 230 kcal / 960 kJ.
E 11 g, F 8 g, KH 28 g

Kuchen

Heiß oder kalt ein Leckerbissen

Sellerie-Möhren-Kuchen vom Blech

Zutaten für ca. 24 Stücke:

- 400 g Mehl
- 150 ml Milch
- ½ Würfel (ca. 20 g) Hefe
- Salz
- 10 EL + 2 EL Öl
- Mehl zum Ausrollen
- Fett für die Fettpfanne
- 750 g Stangensellerie
- 750 g Möhren
- 750 g Zwiebeln
- schwarzer Pfeffer
- 200 g Cheddar- oder Greyerzer-Käse
- 300 g saure Sahne
- 4 Eier

1. Mehl in eine Schüssel geben, in die Mitte eine Mulde drücken. Milch erwärmen, Hefe darin auflösen. Zum Mehl gießen und zum Vorteig verrühren. Zugedeckt ca. 15 Minuten gehen lassen.

2. 1 Prise Salz und 10 EL Öl zugeben und alles gut verkneten. Auf einer bemehlten Arbeitsfläche in Größe der Fettpfanne ausrollen. Teig auf die gefettete Fettpfanne legen. Zugedeckt ca. 30 Minuten gehen lassen.

3. Sellerie und Möhren putzen, waschen und in Scheiben schneiden. Zwiebeln schälen und in Ringe schneiden. Alles in 2 EL Öl ca. 6 Minuten dünsten. Abschmekken und abkühlen lassen.

4. Käse reiben. Mit saurer Sahne und Eiern verrühren. Mit Salz und Pfeffer würzen. Das Gemüse unterheben. Alles auf dem Hefeteig verteilen. Im vorgeheizten Backofen (E-Herd: 200 °C/ Umluft: 175 °C / Gas: Stufe 3) ca. 30 Minuten goldgelb backen.

Zubereitungszeit ca. 1¾ Std.
Pro Stück ca. 200 kcal / 840 kJ.
E 7 g, F 11 g, KH 16 g

Spargel-Zucchini-Quiche mit Frischkäse

Zutaten für ca. 6 Stücke:

- 500 g grüner Spargel
- Salz
- 1 TL Zucker
- 2 Zucchini (ca. 400 g)
- 4 Eier
- 50 g Doppelrahm-Frischkäse mit Kräutern
- ¼ l Milch
- weißer Pfeffer
- geriebene Muskatnuß
- 1 Bund Lauchzwiebeln
- Fett für die Form

1. Spargel waschen, holzige Enden abschneiden. Spargel in ca. 5 cm lange Stücke schneiden. In kochendem Wasser mit etwas Salz und Zucker ca. 10 Minuten garen.

2. Zucchini putzen, waschen, in dünne Scheiben schneiden. 2 Minuten vor Ende der Garzeit zum Spargel geben. Gemüse auf einem Sieb abtropfen lassen.

3. Eier, Käse und Milch verrühren. Mit Salz, Pfeffer und Muskat würzen. Lauchzwiebeln putzen, waschen und in dünne Ringe schneiden. Mit Spargel und Zucchini in eine große gefettete Gratinform füllen.

4. Die Eiermasse darübergießen. Das Gratin im vorgeheizten Backofen (E-Herd: 200 °C / Umluft: 175 °C / Gas: Stufe 3) ca. 45 Minuten goldbraun backen. Dazu schmeckt Reis oder frisch aufgebackenes Baguette.

Zubereitungszeit ca. 1¼ Std.
Pro Stück ca. 120 kcal / 500 kJ.
E 8 g, F 6 g, KH 8 g

EXTRA-TIP

Dieses Gericht ist auch ein Blickfang auf einem Buffet. Bei vielen Gästen die Mengen verdoppeln und die Quiche in einer großen feuerfesten Form ca. 50 Minuten backen.

Blätterteig-Törtchen mit Spinat & Shrimps

Zutaten für 4 Stück:

- 2 Scheiben (à 60 g) TK-Blätterteig
- Mehl zum Ausrollen
- Fett und Paniermehl für die Förmchen
- 1 kleine Zwiebel
- 1 Knoblauchzehe
- 350 g frischer Spinat oder 300 g TK-Blattspinat
- 1 TL Öl
- Salz
- weißer Pfeffer
- etwas Zitronensaft
- 200 g Tiefsee-Krabbenfleisch (Shrimps)
- 150 g Crème fraîche
- 1 Ei

1. Blätterteig etwas antauen lassen. Halbieren und jeweils auf etwas Mehl zu einem Quadrat von 14 x 14 cm ausrollen. 4 Tortelett-Förmchen (ca. 10 cm Ø) fetten, mit Paniermehl ausstreuen und mit Teig auslegen.

2. Zwiebel und Knoblauch schälen, würfeln. Spinat verlesen, waschen, abtropfen lassen und grob hacken.

3. Zwiebel und Knoblauch im heißen Öl andünsten. Spinat darin zusammenfallen lassen. Abtropfen lassen. Mit Salz, Pfeffer und Zitronensaft würzen. Krabbenfleisch unterheben und alles auf die Förmchen verteilen.

4. Crème fraîche und Ei verrühren. Würzen und auf die Törtchen verteilen. Im vorgeheizten Backofen (E-Herd: 200 °C / Umluft: 175 °C/ Gas: Stufe 3) 15–20 Minuten goldbraun backen.

Zubereitungszeit ca. 50 Min.
Pro Stück ca. 320 kcal / 1340 kJ.
E 16 g, F 22 g, KH 11 g

Champignon-Quiche mit Räucherlachs

Zutaten für ca. 12 Stücke:

- 300 g TK-Blätterteig
- 500 g Champignons
- 1 EL Butter/Margarine
- Salz
- schwarzer Pfeffer
- 1 Bund Lauchzwiebeln oder ca. 150 g Porree (Lauch)
- etwas Mehl
- etwas Fett und Paniermehl für die Form
- 200 g Räucherlachs in Scheiben
- 1 Bund Dill
- 5 Eier
- 300 g Crème fraîche
- ⅛ l Milch
- abgeriebene Schale von ½ unbehandelten Zitrone
- evtl. Pergamentpapier

1. Blätterteigplatten nebeneinander ausbreiten und auftauen lassen. Pilze putzen, waschen und in Scheiben schneiden. Im heißen

Fett anbraten. Mit Salz und Pfeffer würzen. Lauchzwiebeln putzen, waschen und in Ringe schneiden.

2. Teig auf etwas Mehl rund (30 cm Ø) ausrollen. Quicheform (26 cm Ø) fetten, mit Paniermehl ausstreuen. Teig hineinlegen, mehrmals einstechen. Mit etwas Paniermehl bestreuen.

3. Lachs in Stücke schneiden. Mit Pilzen und Zwiebeln in die Form füllen. Dill waschen und hacken. Mit Eiern, Crème fraîche, Milch, Zitronenschale, Salz und Pfeffer verrühren. Eiermilch in die Form gießen.

4. Die Quiche im vorgeheizten Backofen (E-Herd: 200 °C / Umluft: 175 °C / Gas: Stufe 3) ca. 50 Minuten backen. Evtl. gegen Ende mit Pergamentpapier abdecken.

Zubereitungszeit ca. 1½ Std.
Pro Stück ca. 300 kcal / 1260 kJ.
E 10 g, F 22 g, KH 12 g

Ananas-Schinken-Kuchen mit Eierguß

Zutaten für 2 Personen:

- 4 Lauchzwiebeln
- 75 g Champignons
- 4 Ananasscheiben (aus der Dose)
- ½ Packung (230 g) Backmischung für „Gemüsekuchen“
- Fett für die Form
- 100 g Schmand oder saure Sahne (stichfest)
- 1 Ei
- Salz
- weißer Pfeffer
- 1 TL Curry
- 6 dünne Scheiben (à ca. 30 g) geräucherter Schinken

1. Lauchzwiebeln putzen, waschen und kleinschneiden. Pilze putzen, waschen und halbieren. Ananasscheiben halbieren oder vierteln.

2. Teigmischung und ⅛ l lauwarmes Wasser rasch zu einem glatten Teig verkneten.

3. Eine Quiche- oder Springform (26–28 cm Ø) fetten und mit dem Teig auslegen. Teig dabei am Rand etwas hochdrücken.

4. Lauchzwiebeln, Champignons und Ananas auf dem Teig verteilen. Schmand oder saure Sahne und Ei verrühren. Mit Salz, Pfeffer und Curry würzen. Eierguß über das Gemüse gießen.

5. Den Kuchen im vorgeheizten Backofen (E-Herd: 200 °C / Umluft: 175 °C / Gas: Stufe 3) ca. 30 Minuten goldbraun backen. Schinken vor dem Servieren darauf anrichten.

Zubereitungszeit ca. 45 Min.
Pro Portion ca. 790 kcal / 3310 kJ.
E 19 g, F 38 g, KH 87 g

Wirsing-Hack-Torte mit Tomaten

Zutaten für 8 Stücke:

- 300 g Mehl
- Salz
- 150 g kalte Butter/Margarine
- 150 g Zwiebeln
- 500 g gemischtes Hackfleisch
- 2 EL Öl
- schwarzer Pfeffer
- 1 kleiner Wirsingkohl (ca. 600 g)
- 6 kleine Tomaten
- Fett für die Form
- ½ Bund Petersilie
- ⅛ l Milch
- 3 Eier
- 75 g geriebener Gouda-Käse
- evtl. Pergamentpapier

1. Mehl, Salz, Fett und 3 EL kaltes Wasser verkneten. Zugedeckt ca. 30 Minuten kalt stellen.

2. Zwiebeln schälen und in Spalten schneiden. Hack im heißen Öl krümelig anbraten. Zwiebeln zufügen, kurz mitdünsten, würzen. Kohl in 8 Spalten schneiden. In kochendem Salzwasser ca. 5 Minuten garen. Tomaten waschen, vierteln.

3. Eine große gefettete Springform (26 cm Ø) mit Teig auslegen. Am Rand hochdrücken. Hack, abgetropften Kohl und Tomaten, bis auf einige zum Garnieren, einschichten.

4. Petersilie waschen, hacken. Mit Milch, Eiern, Salz und Pfeffer verquirlen, darübergießen. Rest Tomaten darauflegen. Mit Käse bestreuen. Die Hack-Torte im vorgeheizten Backofen (E-Herd: 200 °C / Umluft: 175 °C / Gas: Stufe 3) 50–60 Minuten backen. Evtl. gegen Ende mit Pergamentpapier abdecken.

Zubereitungszeit ca. 1¾ Std.
Pro Stück ca. 590 kcal / 2470 kJ.
E 24 g, F 39 g, KH 33 g

EXTRA-TIPS

- *Lassen Sie den Kohl gut abtropfen, sonst feuchtet der Teigboden durch und wird nicht knusprig.*
- *Die Hack-Torte schmeckt auch kalt zu Bier oder Wein.*

Gemüse-Kuchen mit Schmand-Guß

Zutaten für ca. 20 Stücke:

- 500 g Möhren
- 750 g Broccoli
- 500 g Erbsenschoten oder 300 g TK-Erbsen
- Salz
- 300 g Zucchini
- 250 g Kirschtomaten oder kleine Tomaten
- 1 Packung (460 g) Backmischung „Pizza und Gemüsekuchen“
- Fett für die Fettpfanne
- 200 g Schmand oder saure Sahne
- ¼ l Milch
- 6 Eier
- weißer Pfeffer

1. Möhren und Broccoli putzen und waschen. Möhren in Scheiben, Broccoli in Röschen schneiden. Erbsen enthülsen.

2. Das vorbereitete Gemüse in kochendem Salzwasser ca. 5 Minuten vorgaren. Dann gut abtropfen lassen. Zucchini waschen und kleinschneiden. Tomaten waschen und evtl. halbieren.

3. Backmischung und ¼ l lauwarmes Wasser glatt verkneten. Mit den Händen nochmals durchkneten. Den Teig auf einer gefetteten Fettpfanne ausrollen. Das ganze Gemüse gleichmäßig darauf verteilen.

4. Schmand, Milch und Eier verquirlen. Mit Salz und Pfeffer würzen. Über das Gemüse gießen. Den Kuchen im vorgeheizten Backofen (E-Herd: 175 °C / Umluft: 150 °C / Gas: Stufe 2) ca. 30 Minuten backen.

Zubereitungszeit ca. 1 Std.
Pro Stück ca. 200 kcal / 840 kJ.
E 7 g, F 10 g, KH 18 g

Zweierlei Torteletts mit Porree & Pilzen

Zutaten für 4 Stück:

- 2 Scheiben TK-Blätterteig
- 75 g geräucherter durchwachsener Speck
- 1 kleine Stange Porree (Lauch)
- 1 mittelgroße Zwiebel
- 150 g Champignons
- 1 EL Öl
- Mehl zum Ausrollen
- Fett für die Förmchen
- 2 Eier
- 150 ml Milch
- Salz
- weißer Pfeffer
- evtl. Kirschtomaten und Petersilie zum Garnieren

1. Blätterteig auftauen lassen. Speck würfeln. Porree putzen, waschen und in Ringe schneiden. Zwiebel schälen, würfeln. Pilze waschen, in Scheiben schneiden.

2. Die Hälfte Speck und Porree im heißen Öl ca. 5 Minuten braten, herausnehmen. Restlichen Speck, Zwiebel und Pilze im heißen Bratfett ca. 3 Minuten braten und alles herausnehmen.

3. Blätterteig auf bemehlter Fläche etwas ausrollen. Scheiben quer halbieren. Die gefetteten Quicheförmchen (ca. 10 cm Ø) damit auslegen und den überstehenden Rand abschneiden.

4. Eier und Milch verquirlen. Mit Salz und Pfeffer würzen. Je 2 Förmchen mit Porree bzw. Pilzen füllen. Eiermilch darübergießen.

5. Im vorgeheizten Backofen (E-Herd: 200 °C / Umluft: 175 °C/ Gas: Stufe 3) ca. 20 Minuten backen. Evtl. mit halbierten Kirschtomaten und Petersilie garnieren.

Zubereitungszeit ca. 50 Min.
Pro Stück ca. 390 kcal / 1630 kJ.
E 10 g, F 30 g, KH 18 g

Paprika-Tarte mit Fleischwurst

Zutaten für ca. 12 Stücke:

- 200 g Mehl
- 125 g Butter/Margarine
- 4 Eier (Gr. M)
- Salz
- 750 g Weißkohl
- 1 TL klare Brühe (Instant)
- weißer Pfeffer
- ¼ TL Kümmel
- 1 rote Paprikaschote
- 200 g Fleischwurst oder Mortadella
- je ½ Bund Petersilie und Schnittlauch
- 200 g saure Sahne
- Mehl zum Ausrollen
- Fett für die Form

1. Mehl, 100 g Fett, 1 Ei und Salz zu einem glatten Mürbeteig verkneten. Ca. 30 Minuten kalt stellen.

2. Kohl putzen, waschen und in Streifen schneiden. 25 g Fett erhitzen. Kohl darin andünsten. Mit ¼ l Wasser ablöschen. Brühe einrühren, darin auflösen. Mit Salz, Pfeffer und Kümmel würzen. Ca. 15 Minuten schmoren. Paprika putzen und waschen, in Streifen schneiden. Ca. 5 Minuten mitschmoren.

3. Wurst häuten und in Scheiben schneiden. Kräuter waschen und hacken. 3 Eier, saure Sahne und Kräuter verrühren. Mit Salz und Pfeffer würzen.

4. Teig auf etwas Mehl zu einer runden Platte ausrollen. In eine gefettete Quicheform (26 cm Ø) legen. Gemüse und Wurst darauf verteilen. Den Eierguß darübergießen. Die Tarte im vorgeheizten Backofen (E-Herd: 200 °C / Umluft: 175 °C / Gas: Stufe 3) ca. 50 Minuten goldgelb backen.

Zubereitungszeit ca. 1½ Std.
Pro Stück ca. 250 kcal / 1050 kJ.
E 8 g, F 17 g, KH 15

Kartoffel-Zwiebel-Kuchen

Zutaten für ca. 12 Stücke:

- ½ Würfel (21 g) Hefe
- ½ Packung (500 g) Backmischung für „Krustenbrot“
- Fett und Mehl fürs Backblech
- 1 Gemüsezwiebel (ca. 400 g)
- 750 g große Kartoffeln
- 1 Bund Petersilie
- 500 g Schmand oder saure Sahne
- Salz
- weißer Pfeffer
- 125 g mittelalter Gouda-Käse
- 100 g Frühstücksspeck in dünnen Scheiben

1. 350 ml lauwarmes Wasser und Hefe verrühren. Backmischung zufügen und alles mit den Knethaken des Handrührgerätes glatt verkneten. Zugedeckt an einem warmen Ort ca. 15 Minuten gehen lassen.

2. Teig erneut durchkneten. Auf einem gefetteteten und mit etwas Mehl bestäubten Backblech (35 x 40 cm) ausrollen. Zugedeckt an einem warmen Ort nochmals ca. 30 Minuten gehen lassen.

3. Zwiebel und Kartoffeln schälen. Kartoffeln waschen. Beides in dünne Scheiben schneiden.

4. Petersilie waschen, hacken. Mit Schmand verrühren, mit Salz und Pfeffer abschmecken. Kartoffeln und Zwiebel auf dem Teig verteilen und würzen. Den Petersilien-Schmand darüber verteilen. Käse grob raspeln und darüberstreuen. Speckscheiben evtl. halbieren und darauflegen.

5. Den Kuchen im vorgeheizten Backofen (E-Herd: 200 °C / Umluft: 175 °C / Gas: Stufe 3) ca. 40 Minuten goldbraun backen.

Zubereitungszeit ca. 2 Std.
Pro Stück ca. 350 kcal / 1470 kJ.
E 12 g, F 15 g, KH 39 g

Lyoner Wursttorte

Zutaten für ca. 16 Stücke:

- 300 g TK-Blätterteig
- 250 g Zwiebeln
- 400 g Tomaten
- ½ Bund Petersilie
- 150 g Frühstücksspeck in dünnen Scheiben
- 250 g Emmentaler-Käse
- 6 Eier
- 125 g Schlagsahne
- Salz
- weißer Pfeffer
- Mehl zum Ausrollen
- Fett für die Form
- 2 ungebrühte Bratwürste (200 g)
- 250 g Lyoner Fleischwurst in dünnen Scheiben
- 1 Eigelb zum Bestreichen
- 1 TL Kümmel

1. Teig auftauen lassen. Zwiebeln schälen, würfeln. Tomaten putzen und waschen, würfeln. Petersilie waschen, hacken. Speck knusprig ausbraten. 100 g Käse reiben. Mit Eiern, Sahne und Petersilie verrühren, würzen. Rest Käse in dünne Scheiben schneiden.

2. Teig auf wenig Mehl zu einem Kreis (ca. 44 cm Ø) ausrollen. In eine gefettete Springform

(24 cm Ø) legen, Rand überstehen lassen. Teigboden mehrmals einstechen. Bratwurstmasse aus der Haut drücken, daraufstreichen.

3. Zwiebeln, Käse, Tomaten, Fleischwurst und Speck im Wechsel hineinschichten. Dazwischen Eier-Sahne gießen. Mit Speck abschließen. Teigrand nach innen umklappen und mit Eigelb bestreichen. Mit Kümmel bestreuen.

4. Im vorgeheizten Backofen (E-Herd: 175 °C / Umluft: 150 °C/ Gas: Stufe 2) ca. 1½ Stunden goldbraun backen. Evtl. mit Pergamentpapier abdecken.

Zubereitungszeit ca. 2¼ Std.
Pro Stück ca. 370 kcal / 1550 kJ.
E 16 g, F 29 g, KH 9 g

Pizza, Pizza, P

Der Hit bei groß und klein

Hackfleisch-Pizza mit Mais und Schafskäse

Zutaten für ca. 6 Stücke:

- 2 Dosen (à 250 g) „Pizza-Frischteig“ aus dem Kühlregal
- 1 Bund Suppengrün
- 7–9 EL Olivenöl
- 500 g Rinderhackfleisch
- Salz
- schwarzer Pfeffer
- 2 Dosen (à 425 ml) Maiskörner
- 250 g Tomaten
- 250 g Schafskäse
- 1 TL getrockneter Oregano
- Cayennepfeffer
- evtl. frischer Oregano zum Garnieren

1. Pizzateig aus der Dose nach Anweisung entnehmen und auf einem ungefetteten Backblech (ca. 35 x 40 cm) ausbreiten. Ca. 10 Minuten ruhen lassen.

2. Inzwischen Suppengrün putzen, waschen und fein würfeln. 1 EL Öl in einer Pfanne erhitzen. Hackfleisch darin unter Wenden krümelig braten. Suppengemüse zufügen und mit andünsten. Mit Salz und Pfeffer kräftig würzen.

3. Mais kalt abspülen und abtropfen lassen. Tomaten waschen, putzen und in Scheiben schneiden.

4. Vorbereitete Zutaten auf dem Teig verteilen. Schafskäse darüberbröseln und mit restlichem Öl beträufeln. Mit getrocknetem Oregano, Salz und Cayennepfeffer bestreuen.

5. Im vorgeheizten Backofen (E-Herd: 200 °C / Umluft: 175 °C/ Gas: Stufe 3) ca. 25 Minuten backen. Vor dem Servieren evtl. mit gewaschenen Oreganoblättchen bestreuen.

Zubereitungszeit ca. 50 Min.
Pro Stück ca. 650 kcal / 2730 kJ.
E 34 g, F 36 g, KH 48 g

Gefüllte Fladenbrot-Pizza

Zutaten für 2–3 Personen:

- 2 Paprikaschoten (z. B. rot und gelb)
- 1 Zucchini (250 g)
- 2 mittelgroße Zwiebeln
- 1–2 Knoblauchzehen
- 2 Beutel (à 125 g) Mozzarella-Käse
- 2–3 EL Öl
- 1 TL getrockneter Rosmarin
- Salz
- weißer Pfeffer
- Edelsüß-Paprika
- 1 Fladenbrot (ca. 250 g)
- evtl. Butter

1. Paprika und Zucchini putzen, waschen und in Stücke schneiden. Zwiebeln und Knoblauch schälen. Zwiebeln würfeln. Knoblauch hacken oder zerdrücken.

Mozzarella abtropfen lassen und in dünne Scheiben schneiden.

2. Öl in einer Pfanne erhitzen. Zwiebeln, Zucchini und Paprika darin ca. 4 Minuten dünsten. Knoblauch und Rosmarin zufügen und alles weitere 1–2 Minuten dünsten. Mit Salz, Pfeffer und Paprika kräftig würzen.

3. Zum Füllen vom Brot einen Deckel etwas tiefer herausschneiden, so daß ein schmaler Rand stehenbleibt. Das Gemüse hineinfüllen und mit Käse belegen. Die Pizza im vorgeheizten Backofen (E-Herd: 200 °C / Umluft: 175 °C/ Gas: Stufe 3) 10–12 Minuten backen. Den Brotdeckel mit aufbacken. Evtl. mit Butter bestreichen und zur Brot-Pizza reichen.

Zubereitungszeit ca. 40 Min.
Pro Portion ca. 190 kcal / 790 kJ.
E 9 g, F 8 g, KH 17 g

Pizza Margherita mit Basilikum

Zutaten für ca. 4 Stück:

- 250 g + etwas Mehl für die Arbeitsfläche
- ½ Würfel (ca. 10 g) Hefe
- 7 EL Olivenöl
- 1 Dose (850 ml) Tomaten
- 100 g schwarze Oliven
- 300 g Mozzarella-Käse
- 1 Töpfchen Basilikum
- 80 g Parmesan-Käse
- Salz
- schwarzer Pfeffer
- Backpapier

1. 250 g Mehl in eine Schüssel geben und eine Mulde hineindrücken. Hefe zerbröckeln und mit 200 ml warmem Wasser zugeben. Mit etwas Mehl zum Vorteig verrühren. 15 Minuten gehen lassen. 2 EL Öl zufügen und auf bemehlter Arbeitsfläche gründlich durchkneten. Den Hefeteig in 4 gleich große Teile schneiden.

2. Teigstücke nochmals kneten. Auf bemehlter Arbeitsfläche zu vier runden Platten (à 12 cm Ø) ausrollen. Auf ein mit Backpapier ausgelegtes Backblech legen.

3. Tomaten, Oliven und Mozzarella abtropfen lassen. Tomaten zerkleinern, Käse in Scheiben schneiden. Basilikum waschen und die Blättchen von den Stielen zupfen.

4. Die Pizzaböden mit je 1 EL Öl bestreichen. Mit Tomaten, Oliven und Mozzarella belegen. Parmesan reiben und darüberstreuen. Würzen und mit 1 EL Öl beträufeln.

5. Die Pizzas im vorgeheizten Backofen (E-Herd: 200 °C / Umluft: 175 °C / Gas: Stufe 3) ca. 20 Minuten backen. Nach 15 Minuten mit den Basilikumblättchen belegen und fertigbacken.

Zubereitungszeit ca. 1 Std.
Pro Stück ca. 700 kcal / 2940 kJ.
E 31 g, F 38 g, KH 51 g

Paprika-Pizza mit Peperoni & Oliven

Zutaten für 12 Stücke:

- 2 Packungen (à 225 g) Backmischung für „Pizzateig“
- 6 EL Olivenöl
- Fett fürs Backblech
- 1 Packung (500 ml) passierte Tomaten
- je 2 rote und grüne Paprikaschoten
- 300 g Cabanossi
- 3 Zwiebeln
- 200 g Schafskäse
- 200 g Doppelrahm-Frischkäse mit Kräutern
- 8 eingelegte Peperoni
- 100 g schwarze Oliven

1. Backmischungen, 1/4 l kaltes Wasser und 2 EL Öl zu einem glatten Teig verkneten. Auf einem gefetteten Backblech (ca. 35 x 40 cm) ausrollen. Im vorgeheizten Backofen (E-Herd: 200 °C / Umluft: 175 °C / Gas: Stufe 3) ca. 5 Minuten vorbacken.

2. In der Zwischenzeit Gewürzmischung (liegt der Packung bei) mit Tomaten verrühren. Paprika putzen, waschen und in feine Streifen schneiden. Cabanossi ebenfalls in Scheiben schneiden.

3. Zwiebeln schälen und in Ringe schneiden. Schafskäse und Frischkäse verkneten. Peperoni und Oliven in einem Sieb gut abtropfen lassen.

4. Den Teigboden mit Tomatensoße bestreichen. Paprika, Cabanossi, Zwiebeln, Peperoni, Oliven und Käsemasse darauf verteilen. Mit dem restlichen Öl beträufeln. Die Paprika-Pizza im heißen Backofen bei gleicher Temperatur ca. 30 Minuten weiterbacken.

Zubereitungszeit ca 1 Std.
Pro Stück ca. 430 kcal / 1800 kJ.
E 13 g, F 26 g, KH 33 g

Feurige Tomaten-Hack-Pizza

Zutaten für 8 Stücke:

- 250 g Mehl + etwas Mehl
- ½ Würfel (ca. 10 g) frische Hefe
- 1 Prise Zucker
- 2 kleine Zwiebeln
- 2 Knoblauchzehen
- 8 mittelgroße Tomaten
- 2 kleine Zucchini
- 3 EL Öl
- 300 g Rinderhackfleisch
- 1 TL Salz
- Cayennepfeffer
- Edelsüß-Paprika
- 2 EL Tomatenmark
- evtl. frischer Majoran oder Oregano zum Garnieren

1. Ins Mehl eine Mulde drücken. Hefe hineinbröckeln, mit Zucker bestreuen. 75 ml lauwarmes Wasser zugießen. Alles mit etwas Mehl verrühren. Zugedeckt an einem warmen Ort ca. 20 Minuten gehen lassen.

2. Zwiebeln und Knoblauch schälen. Zwiebeln würfeln, Knoblauch fein hacken. Tomaten und Zucchini putzen, waschen und in dünne Scheiben schneiden.

3. 2 EL Öl erhitzen. Hack darin krümelig braten. Zwiebeln und Knoblauch zugeben, beides mit andünsten. Feurig würzen.

4. 1 EL Öl und Salz zum Mehl geben. 5 Minuten kneten. Teig ca. 20 Minuten gehen lassen.

5. Teig nochmals durchkneten. Auf leicht bemehlter Arbeitsfläche zu einem runden Fladen (35 cm Ø) ausrollen. Mit Tomatenmark bestreichen. Tomaten, Zucchini und Hack darauf verteilen. Ca. 15 Minuten gehen lassen.

6. Hack-Tomaten-Fladen im vorgeheizten Backofen (E-Herd: 200 °C / Umluft: 175 °C / Gas: Stufe 3) ca. 20 Minuten backen. Evtl. Majoran oder Oregano waschen. Die Pizza damit garnieren.

Zubereitungszeit ca. 1½ Std.
Pro Stück ca. 230 kcal / 960 kJ.
E 11 g, F 7 g, KH 27 g

Möhren-Broccoli-Pizza mit Ei

Zutaten für ca. 16 Stücke:

- 300 g Mehl + etwas Mehl
- 1 Würfel (42 g) frische Hefe
- 8 Eier
- 4 EL Öl
- Salz
- 500 g Möhren
- 1 kg Broccoli
- 200 g Schlagsahne
- 300 g weicher Edelpilz-Käse (z. B. Gorgonzola)
- Cayennepfeffer
- Öl für die Fettpfanne
- 2 EL Tomatenmark

1. Ins Mehl eine Mulde drücken. Hefe hineinbröckeln. 5 EL lauwarmes Wasser zugießen. Alles mit etwas Mehl verrühren. Zugedeckt ca. 15 Minuten gehen lassen.

2. Eier ca. 10 Minuten hart kochen und schälen. ¼ l lauwarmes Wasser, Öl und ½ TL Salz zum Vorteig geben. Alles zu einem glatten Teig verkneten. Zugedeckt ca. 15 Minuten gehen lassen.

3. Möhren und Broccoli schälen bzw. putzen, waschen und in Scheiben bzw. Röschen schneiden. Gemüse in wenig Salzwasser ca. 8 Minuten dünsten, abtropfen. Sahne erwärmen. Käse darin schmelzen, würzen. Eier achteln.

4. Teig auf bemehlter Arbeitsfläche in der Größe der Fettpfanne (ca. 35 x 39 cm) ausrollen. Fettpfanne ölen und Teig hineinlegen. Gut an die Ränder drücken. Mit Tomatenmark bestreichen. Broccoli, Möhren und Eiachtel darauf verteilen. Mit Käse-Sahne übergießen. Im vorgeheizten Backofen (E-Herd: 200 °C / Umluft: 175 °C/ Gas: Stufe 3) 40 Minuten backen.

Zubereitungszeit ca. 1¾ Std.
Pro Stück ca. 260 kcal / 1090 kJ.
E 12 g, F 15 g, KH 17 g

Pizza mit Putenbrust & Artischocken

Zutaten für 4 Personen:

- 250 g Mehl
- Salz
- ½ Würfel (ca. 10 g) frische Hefe
- 3 EL Olivenöl
- 1 Dose (425 ml) Artischockenherzen
- ½ Bund Lauchzwiebeln
- 150 g Putenbrust-Aufschnitt
- 1–2 EL schwarze Oliven
- Pfeffer (evtl. bunter)
- 6 EL Milch
- 200 g Edelpilz-Käse (z. B. Gorgonzola)
- einige Stiele Thymian
- Backpapier

1. Mehl und ½ TL Salz mischen. Hefe in 150 ml lauwarmem Wasser auflösen und zugießen. Öl zufügen und alles zu einem Teig verkneten. Ca. 20 Minuten gehen lassen.

2. Artischocken halbieren. Lauchzwiebeln putzen, waschen und in Stücke schneiden. Putenbrust-Aufschnitt halbieren.

3. Den Teig gut durchkneten. Auf einem mit Backpapier ausgelegten Backblech (ca. 25 x 35 cm) ausrollen. Die Teigkanten nach innen schlagen.

4. Vorbereitete Zutaten und Oliven auf dem Teig verteilen. Würzen und ca. 10 Minuten gehen lassen.

5. Milch erwärmen. Käse und Milch verrühren und auf der Pizza verteilen. Im vorgeheizten Backofen (E-Herd: 200 °C / Umluft: 175 °C/ Gas: Stufe 3) 20–25 Minuten backen. Thymian waschen, trockenschütteln. Die Blättchen abzupfen und darüberstreuen.

Zubereitungszeit ca. 1¼ Std.
Pro Portion ca. 580 kcal / 2430 kJ.
E 28 g, F 25 g, KH 55 g

Salbei-Speck-Pizza

Zutaten für 4 Personen:

- 250 g Mehl
- 1 Päckchen „Pizza-Fix“ (Backpulver mit Trockenhefe für Pizza-Teige)
- 1 EL Öl
- 1 TL Salz
- Mehl zum Ausrollen
- 200 g geräucherter durchwachsener Speck
- 2–3 Stiele frischer oder 1 TL getrockneter Salbei
- 1 Packung (200 g) passierte Tomaten
- 125 g Mozzarella- oder Gouda-Käse
- schwarzer Pfeffer
- Backpapier

1. Mehl und Pizza-Fix mischen. 150 ml Wasser, Öl und Salz zufügen und alles mit den Knethaken des Handrührgerätes zu einem glatten Teig verkneten. Teig auf bemehlter Arbeitsfläche zu 1 großen Kreis oder 2 kleineren Kreisen ausrollen. Auf ein mit Backpapier belegtes Backblech legen.

2. Speck in feine Würfel schneiden und in einer Pfanne ohne Fett leicht anbraten. Frischen Salbei waschen, Blättchen von den Stielen zupfen. Blättchen zum Speck geben und kurz mit anbraten.

3. Teig mit passierten Tomaten bestreichen. Speck-Mischung auf der Pizza verteilen. Käse würfeln bzw. reiben, Pizza damit bestreuen. Im vorgeheizten Backofen (E-Herd: 200 °C / Umluft: 175 °C / Gas: Stufe 3) 20–30 Minuten backen. Mit Pfeffer bestreuen.

Zubereitungszeit ca. 45 Min.
Pro Portion ca. 380 kcal / 1590 kJ.
E 15 g, F 12 g, KH 51 g

EXTRA-TIP

Falls Sie kein „Pizza-Fix“ bekommen, bereiten Sie den Hefeteig einfach mit Trockenhefe zu. Die Hefe nur mit Mehl, Wasser, Öl und Salz mischen und gut verkneten.

Deckel-Pizza mit Parmaschinken

Zutaten für 4 Personen:

- 1 Packung (2 Beutel à 175 g) Backmischung für „Pizza-Teig“
- 2 EL Olivenöl
- Fett fürs Backblech
- 4 mittelgroße Tomaten
- 8 Kirschtomaten
- 250 g Mozzarella-Käse
- 1 Packung (370 g) stückige Tomaten
- Salz
- weißer Pfeffer
- 100 g Parmaschinken
- Basilikum zum Garnieren
- nach Belieben etwas Pesto oder Kräuterbutter

1. Backmischung, Öl und 200 ml kaltes Wasser in eine Rührschüssel geben und glatt verkneten. Den Teig vierteln und davon jeweils etwa ⅓ abnehmen.

2. Die größeren Portionen rund (à ca. 15 cm Ø), die kleineren Teigportionen zu dünnen, kleinen Deckeln ausrollen. Deckel auf ein gefettetes Backblech legen. Evtl. einige Löcher einschneiden. Im vorgeheizten Backofen (E-Herd: 200 °C / Umluft: 175 °C/ Gas: Stufe 3) ca. 8 Minuten backen.

3. In der Zwischenzeit Tomaten putzen und waschen. Große Tomaten in Scheiben schneiden, Kirschtomaten halbieren. Mozzarella abtropfen lassen und in Scheiben schneiden.

4. Pizza-Deckel aus dem Ofen nehmen. Restliche Teigplatten auf das Backblech legen. Mit stückigen Tomaten bestreichen. Mit Salz und Pfeffer würzen. Mit Tomaten und Mozzarella belegen. Bei gleicher Temperatur 20–25 Minuten backen. Nach 15–20 Minuten mit Parmaschinken belegen.

5. Die Pizzas mit Basilikum garnieren. Die Pizza-Deckel darauflegen oder mit Pesto oder Kräuterbutter bestreichen und extra servieren.

Zubereitungszeit ca. 50 Min.
Pro Portion ca. 610 kcal / 2560 kJ.
E 28 g, F 24 g, KH 66 g

Deftiges u

Krustenbraten mit pikantem Zwiebelgemüse

Zutaten für 4 Personen:

- 1 kg Schweinebraten mit Schwarte (ohne Knochen)
- Salz
- schwarzer Pfeffer
- 1–2 TL Rosmarin
- 250 g Schalotten
- 250 g rote Zwiebeln
- 1 Bund Lauchzwiebeln
- 1 Dose (425 ml) Aprikosenhälften
- 200 g Zucker
- 200 ml Rotwein-Essig
- 3 Lorbeerblätter
- 1 TL weiße Pfefferkörner

1. Fleisch waschen, trockentupfen. Schwarte kreuzweise einschneiden. Braten mit Salz, Pfeffer und Rosmarin einreiben. Auf die Fettpfanne setzen und im vorgeheizten Backofen (E-Herd: 200 °C / Umluft: 175 °C / Gas: Stufe 3) ca. 1¾ Stunden braten. Nach 1 Stunde mit ¼ l heißem Wasser übergießen.

2. Für das Gemüse Schalotten und rote Zwiebeln schälen und evtl. halbieren. Lauchzwiebeln putzen, waschen und in Stücke schneiden.

3. Aprikosen abtropfen lassen, Saft dabei auffangen. Zucker in einem großen Topf goldbraun schmelzen lassen. Mit Essig und ¼ l Wasser ablöschen. Aufkochen und unter Rühren auflösen. Lorbeer, Pfefferkörner und Zwiebeln hineingeben. Salzen und alles ca. 12 Minuten kochen. Aprikosen 3 Minuten vor Ende der Garzeit zu den Zwiebeln geben.

4. Braten warm stellen. Bratenfond durch ein Sieb zum Gemüse gießen. Gemüse mit etwas Aprikosensaft abschmecken. Den Krustenbraten und das Zwiebelgemüse auf einer Platte anrichten. Dazu schmecken Salzkartoffeln.

Zubereitungszeit ca. 2¼ Std.
Pro Portion ca. 650 kcal / 2730 kJ.
E 49 g, F 25 g, KH 46 g

on Schwein & Lamm

Knusprig und saftig zugleich

Lamm-Topf mit grünen & weißen Bohnen

Zutaten für 4 Personen:

- 800 g Lammfleisch aus der Keule
- 250 g Zwiebeln
- 3–4 Knoblauchzehen
- je einige Stiele Rosmarin, Thymian und Oregano
- 100 ml Olivenöl
- 6 EL Zitronensaft
- 3–4 Lorbeerblätter
- schwarzer Pfeffer
- ⅜ l kräftiger Rotwein
- Salz
- 500 g grüne Bohnen
- 500 g vorwiegend festkochende Kartoffeln
- 1 Dose (425 ml) große weiße Bohnen
- 2 Fleischtomaten

1. Fleisch waschen, trockentupfen und würfeln. Zwiebeln und Knoblauch schälen. Zwiebeln in Spalten, Knoblauch in Scheiben schneiden. Kräuter waschen und hacken. Fleisch mit Öl, Zwiebeln, Zitronensaft, Knoblauch, Kräutern, Lorbeer und Pfeffer mischen. Über Nacht im Kühlschrank marinieren.

2. Fleisch in einer feuerfesten Form mit der Marinade im vorgeheizten Backofen (E-Herd: 200 °C/ Umluft: 175 °C / Gas: Stufe 3) ca. 30 Minuten braun anschmoren. Mit je ⅛ l Wein und Salzwasser ablöschen. Zugedeckt ca. 1¾ Stunden schmoren. Nach und nach den restlichen Wein und ⅛ l Wasser zugießen.

3. Bohnen putzen und waschen. Kartoffeln schälen, waschen, grob würfeln. Weiße Bohnen abtropfen lassen. Alles nach 1 Stunde zufügen. Tomaten waschen, achteln und in den letzten 20 Minuten mitschmoren. Mit Salz und Pfeffer kräftig abschmecken.

Zubereitungszeit ca. 2½ Std.
Wartezeit ca. 12 Std.
Pro Portion ca. 900 kcal / 3780 kJ.
E 53 g, F 45 g, KH 49 g

Hackrolle mit Gemüse-Reis-Füllung

Zutaten für 4–6 Personen:

- 400 g Möhren
- 500 g Porree (Lauch)
- Salz
- 150 g Langkornreis
- 1–2 EL Curry
- schwarzer Pfeffer
- 1 Brötchen vom Vortag
- 2 mittelgroße Zwiebeln
- 750 g gemischtes Hackfleisch
- 2 Eier
- 2 TL klare Brühe (Instant)
- 100 g Schlagsahne
- 1–2 EL Mehl
- Klarsichtfolie

1. Möhren schälen, waschen und würfeln. Porree putzen und waschen. Eine Stange längs aufschneiden, in kochendem Salzwasser ca. 3 Minuten blanchieren. Rest in Ringe schneiden.

2. Reis in 400 ml kochendem Salzwasser ca. 15 Minuten garen. Nach 8 Minuten je die Hälfte vom zerkleinerten Gemüse zufügen. Mit Curry und Pfeffer würzen.

3. Brötchen einweichen. Zwiebeln schälen und hacken. Hack, Zwiebeln, Eier und ausgedrücktes Brötchen verkneten. Mit Salz und Pfeffer würzen. Zwischen Klarsichtfolie zum Quadrat (ca. 30 x 30 cm) ausrollen. Mit Porreeblättern und Reis belegen. Aufrollen und mit der Nahtstelle nach unten in einen Bräter setzen.

4. Brühe in ⅜ l heißem Wasser auflösen und angießen. Im vorgeheizten Backofen (E-Herd: 200 °C / Umluft: 175 °C / Gas: Stufe 3) ca. 1 Stunde braten. Das restliche Gemüse nach ca. 45 Minuten zufügen. Sahne, Mehl und 1 EL Curry verrühren und in den Fond rühren. Soße aufkochen, abschmecken. Alles anrichten. Dazu schmeckt körniger Butter- oder Curry-Reis.

Zubereitungszeit ca. 2 Std.
Pro Portion ca. 500 kcal / 2100 kJ.
E 30 g, F 26 g, KH 32 g

Spanferkel mit Tomaten und Kräutern

Zutaten für 6 Personen:

- 2 kg Spanferkelbauch (mit Knochen) oder magerer Schweinebauch
- Salz
- weißer Pfeffer
- 3 EL Olivenöl
- 1 EL getrocknete Kräuter der Provence
- 750 g Tomaten
- 1 Bund Lauchzwiebeln
- 500 g Zucchini
- gut 1/8 l Hühnerbrühe (Instant)
- 3 Knoblauchzehen
- Kräuter zum Garnieren

1. Fleisch abspülen und trockentupfen. Schwarte einschneiden. Mit Salz und Pfeffer einreiben und mit 2 EL Öl bestreichen. Auf den Rost über die Fettpfanne setzen. Im vorgeheizten Backofen (E-Herd: 200 °C / Umluft: 175 °C / Gas: Stufe 3) ca. 2 Stunden braten. Nach 1 1/2 Stunden mit getrockneten Kräutern bestreuen.

2. Tomaten an der Oberseite kreuzweise einschneiden, überbrühen, häuten und in Würfel schneiden. Lauchzwiebeln und Zucchini putzen und waschen. Zucchini würfeln, Lauchzwiebeln in Ringe schneiden. In den letzten 20 Minuten auf die Fettpfanne geben. Mit Salz und Pfeffer würzen, und die Hühnerbrühe angießen.

3. Knoblauch schälen und in dünne Scheiben schneiden. Im restlichen Öl braun braten.

4. Fleisch herausnehmen, in Scheiben schneiden. Gemüse mit Salz und Pfeffer abschmecken. Zusammen mit dem Braten auf einer Platte anrichten. Mit gebratenem Knoblauch und frischen Kräutern garnieren. Dazu schmecken Röstkartoffeln.

Zubereitungszeit ca. 2¼ Std.
Pro Portion ca. 1010 kcal / 4240 kJ.
E 67 g, F 78 g, KH 10 g

Lammkeule mit Tomaten & Kichererbsen

Zutaten für 4 Personen:

- 1,2 –1,5 kg Lammkeule (mit Knochen)
- 1 EL Olivenöl
- Salz
- schwarzer Pfeffer
- 1 Dose (425 ml) Kichererbsen
- 1 Dose (850 ml) Tomaten
- 1 Zweig oder 2 TL getrockneter Rosmarin
- 2–3 Knoblauchzehen
- 1 Bund Lauchzwiebeln
- grober Pfeffer

1. Lammkeule waschen und trockentupfen. Gleichmäßig mit

Öl, Salz und Pfeffer einreiben. Fleisch in einen Bräter oder auf die Fettpfanne legen.

2. Kichererbsen auf einem Sieb abtropfen lassen. Tomaten mit Saft und Kichererbsen um das Fleisch verteilen. Rosmarin waschen, die Nadeln abzupfen und zufügen. Knoblauch schälen, evtl. hacken und zugeben. Gemüse mit Salz und Pfeffer kräftig würzen.

3. Die Lammkeule im vorgeheizten Backofen (E-Herd: 200 °C/ Umluft: 175 °C / Gas: Stufe 3) ca. 1¾ Stunden schmoren.

4. Lauchzwiebeln putzen, waschen und in Stücke schneiden. Ca. 15 Minuten vor Ende der Garzeit zum Fleisch geben. Die Lammkeule mit Pfeffer bestreuen und mit dem Gemüse anrichten. Dazu schmecken Röstkartoffeln oder Fladenbrot.

Zubereitungszeit ca. 2 Std.
Pro Portion ca. 530 kcal / 2220 kJ.
E 66 g, F 20 g, KH 18 g

Glasiertes Kasseler mit Gemüse

Zutaten für 4 Personen:

- 375 g Möhren
- 500 g kleine Zwiebeln
- 1 kg Kasseler-Kotelett im Stück (mit Knochen)
- 1 Zucchini
- 2 Knoblauchzehen
- 150 g Zucker
- ½ l Weißwein-Essig
- 50 ml trockener Weißwein
- 1 TL Rosmarin
- 1 TL Thymian
- 2–3 Lorbeerblätter
- Salz
- schwarzer Pfeffer

1. 1 Möhre schälen und grob würfeln. Zwiebeln schälen, 2 Stück in Spalten schneiden. Kasseler waschen, trockentupfen. Mit Möhre und Zwiebelspalten in einen Bräter legen. Im heißen Backofen (E-Herd: 200 °C / Umluft: 175 °C/ Gas: Stufe 3) ca. 1½ Stunden braten. Dabei nach und nach gut ¼ l Wasser angießen.

2. Restliche Möhren und Zucchini putzen, waschen und in grobe Stifte schneiden. Knoblauch schälen und in Scheiben schneiden.

3. Zucker bei schwacher Hitze in einem Topf schmelzen lassen. Mit Essig und Wein ablöschen. Das Gemüse und die Kräuter zufügen. 10–15 Minuten unter mehrmaligem Rühren köcheln lassen.

4. Kasseler herausnehmen. Etwas Fleischfond zum Gemüse geben. Mit Salz und Pfeffer würzen. Das Fleisch vom Knochen lösen, in Scheiben schneiden und mit dem Gemüse anrichten. Dazu passen Butterkartoffeln.

Zubereitungszeit ca. 1¾ Std.
Pro Portion ca. 480 kcal / 2010 kJ.
E 58 g, F 13 g, KH 30 g

EXTRA-TIPS

- *Wenn Kinder mitessen, sollten Sie das Gemüse statt mit Wein mit Brühe zubereiten.*
- *Zu diesem raffinierten Gericht paßt ein trockener Rotwein, z. B. aus Frankreich.*

Geschmorte Lammhaxen

Zutaten für 4 Personen:

- 250 g getrocknete weiße Bohnen
- 4–6 Lammhaxen (TK oder frisch; ca. 1,3 kg)
- 750 g Kartoffeln
- 4–5 mittelgroße Zwiebeln
- 2 Knoblauchzehen
- Salz
- schwarzer Pfeffer
- ca. 3 EL Öl (z. B. Olivenöl)
- 1 EL Tomatenmark
- 1 Dose (850 ml) Tomaten
- 1 TL getrockneter Rosmarin
- ½ Bund Petersilie

1. Weiße Bohnen in ½ l kaltem Wasser über Nacht einweichen. TK-Haxen über Nacht im Kühlschrank auftauen lassen.

2. Kartoffeln schälen, waschen und in grobe Stücke schneiden. Zwiebeln und Knoblauch schälen. Zwiebeln grob würfeln, Knoblauch fein hacken.

3. Haxen waschen, trockentupfen und mit Salz und Pfeffer würzen. Öl in einem Bräter erhitzen. Haxen darin rundherum kräftig anbraten und herausnehmen.

4. Zwiebeln, Knoblauch und Kartoffeln im Bratfett kurz anbraten. Tomatenmark zufügen und mit anschwitzen. Bohnen mit dem Einweichwasser und Tomaten mit Flüssigkeit zufügen. Tomaten etwas zerkleinern. Alles mit Salz, Pfeffer und Rosmarin würzen. Lammhaxen darauflegen. Alles aufkochen.

5. Zugedeckt im vorgeheizten Backofen (E-Herd: 175–200 °C/ Umluft: 150–175 °C / Gas: Stufe 2–3) ca. 1¾ Stunden schmoren. Ab und zu durchrühren. Petersilie waschen und in Streifen schneiden bzw. hacken. Gemüse abschmecken. Alles anrichten und die Petersilie darüberstreuen.

Zubereitungszeit ca. 2½ Std.
Wartezeit ca. 12 Std.
Pro Portion ca. 820 kcal / 3440 kJ.
E 54 g, F 34 g, KH 69 g

Kasseler mit Paprika und Kartoffeln

Zutaten für 4 Personen:

- 1 kg Kasseler-Kotelett im Stück (mit Knochen)
- schwarzer Pfeffer
- 750 g kleine Kartoffeln
- 2 mittelgroße Zwiebeln
- 3 Paprikaschoten (à ca. 200 g; z. B. rot, grün und gelb)
- 4–5 Stiele frischer oder 1 TL getrockneter Thymian
- 2–3 Stiele Petersilie
- Salz
- 1 TL Gemüsebrühe (Instant)

1. Kasseler waschen und trockentupfen. Mit Pfeffer würzen und in einen Bräter (mit Deckel) legen. Zunächst offen im vorgeheizten Backofen (E-Herd: 200 °C/ Umluft: 175 °C / Gas: Stufe 3) ca. 30 Minuten braten.

2. Inzwischen Kartoffeln schälen, waschen und evtl. halbieren. Zwiebeln schälen und in Spalten schneiden. Paprikaschoten putzen, waschen und in grobe Stücke

schneiden. Thymian und Petersilie waschen, Blättchen abzupfen und alles fein hacken.

3. Kartoffeln nach 20 Minuten Bratzeit um das Kasseler verteilen. Brühe in ¼ l heißem Wasser auflösen und angießen.

4. Zwiebeln und Paprika nach ca. 30 Minuten zugeben. Gemüse mit Salz, Pfeffer und Kräutern würzen. Alles zugedeckt weitere ca. 30 Minuten schmoren.

Zubereitungszeit ca. 1¼ Std.
Pro Portion ca. 540 kcal / 2260 kJ.
E 48 g, F 16 g, KH 47 g

Knusprige Schweinshaxen auf Wirsing

Zutaten für 4 Personen:

- 2 Schweinshaxen (à ca. 1 kg)
- Salz
- weißer Pfeffer
- 600 g festkochende Kartoffeln
- 1 Wirsingkohl (ca. 1,2 kg)
- 50 g geräucherter durchwachsener Speck
- 2 mittelgroße Zwiebeln
- 100 ml Milch
- 1–2 EL heller Soßenbinder
- 1–2 TL mittelscharfer Senf
- 2–3 Stiele Petersilie

1. Haxen waschen, trockentupfen. Die Schwarte mit einem scharfen Messer rautenförmig einschneiden. Die Haxen mit Salz und Pfeffer kräftig einreiben.

2. Auf den Rost legen und über der Fettpfanne im vorgeheizten Backofen (E-Herd: 175 °C/ Umluft: 150 °C / Gas: Stufe 2) ca. 3 Stunden braten.

3. Kartoffeln schälen, waschen und grob würfeln. Wirsing putzen, waschen, vierteln und den Strunk herausschneiden. Kohl in Streifen schneiden. Speck würfeln. Zwiebeln schälen, in Ringe schneiden.

4. Speck knusprig auslassen. Zwiebeln darin bräunen und herausnehmen. Kohl im Speckfett anbraten. Mit Milch und ⅛ l Wasser ablöschen. Ca. 10 Minuten schmoren. Kartoffeln in reichlich kochendem Salzwasser ca. 15 Minuten garen.

5. Wirsing mit Soßenbinder binden. Mit Salz, Pfeffer und Senf abschmecken. Kartoffeln, Speck und Zwiebeln unterheben. Petersilie waschen und, bis auf einen Rest, hacken. Alles anrichten. Mit Petersilie bestreuen und garnieren.

Zubereitungszeit ca. 3¼ Std.
Pro Portion ca. 740 kcal / 3100 kJ.
E 75 g, F 31 g, KH 36 g

Gutes mit

Rosenkohl-Auflauf mit Hähnchenkeulen

Zutaten für 4 Personen:

- 750 g vorwiegend festkochende Kartoffeln
- 500 g Rosenkohl
- 3 EL Butter/Margarine
- ⅜ l klare Brühe (Instant)
- 1 Lorbeerblatt
- 4 Hähnchenkeulen (à ca. 200 g)
- 3 mittelgroße Zwiebeln
- Salz
- weißer Pfeffer
- 1 TL getrockneter Thymian
- Fett für die Form
- 2 EL Paniermehl

1. Kartoffeln schälen, waschen, in dicke Scheiben schneiden. Rosenkohl putzen, waschen. Beides in 1 EL heißem Fett andünsten. Mit Brühe ablöschen und mit dem Lorbeerblatt 15–20 Minuten garen.

2. Hähnchenkeulen waschen und trockentupfen. In 1 EL Fett rundherum 20 Minuten braun braten. Zwiebeln schälen und würfeln.

3. Rosenkohl und Kartoffeln abgießen. Brühe auffangen. Hähnchenkeulen herausnehmen, würzen. Zwiebelwürfel im Bratfett goldgelb dünsten. Mit Brühe ablöschen. Mit Salz, Pfeffer und Thymian würzen.

4. Rosenkohl und Kartoffeln in eine gefettete Auflaufform füllen. Die Hähnchenkeulen darauflegen und etwas hineindrücken. Brühe angießen. Den Auflauf mit Paniermehl bestreuen und das restliche Fett in Flöckchen daraufsetzen.

5. Den Auflauf im vorgeheizten Backofen (E-Herd: 225 °C / Umluft: 200 °C / Gas: Stufe 4) ca. 20 Minuten goldbraun überbacken.

Zubereitungszeit ca. 1 Std.
Pro Portion ca. 740 kcal / 3100 kJ.
E 48 g, F 38 g, KH 46 g

Geflügel

Mal rustikal, mal fein

Kräuter-Hähnchen im Gemüsebett

Zutaten für 3–4 Personen:

- 1 bratfertiges Hähnchen (ca. 1,3 kg)
- Salz
- Pfeffer
- Edelsüß-Paprika
- 2 rote Paprikaschoten
- 2 Zucchini (ca. 400 g)
- 500–750 g Kartoffeln
- 3 mittelgroße Zwiebeln
- 1 TL Gemüsebrühe (Instant)
- 1–2 Zweige Rosmarin und 2 Lorbeerblätter oder ½–1 TL Kräuter der Provence

1. Hähnchen waschen und trockentupfen. Keulen zusammenbinden. Mit Salz, Pfeffer und Paprika würzen.

2. Hähnchen in einen großen Bräter oder auf die Fettpfanne des Backofens legen. Im vorgeheizten Backofen (E-Herd: 200 °C / Umluft: 175 °C / Gas: Stufe 3) 1–1¼ Stunden goldbraun braten.

3. Inzwischen Paprika und Zucchini waschen und putzen. Paprika in Stücke, Zucchini in dicke Scheiben schneiden. Kartoffeln schälen, waschen und vierteln. Zwiebeln schälen und in Spalten schneiden.

4. Brühe in ¼ l heißem Wasser auflösen. Rosmarin waschen, Nadeln abstreifen. Gemüse, Kartoffeln, Zwiebeln, Brühe und Kräuter ca. 40 Minuten vor Ende der Garzeit zum Hähnchen geben und mitgaren. Mit Salz, Pfeffer und Paprika würzen. Gemüse öfter wenden.

Zubereitungszeit ca. 1½ Std.
Pro Portion ca. 690 kcal / 2890 kJ.
E 70 g, F 32 g, KH 26 g

Hähnchenflügel- & Würstchenspieße vom Blech

Zutaten für 4 Personen:

- 6 Geflügelwürstchen (à ca. 50 g)
- 1 rote Paprikaschote
- 2 mittelgroße Zwiebeln
- 6 kleine Lorbeerblätter
- 6 Hähnchenflügel (ca. 375 g)
- Salz
- Cayennepfeffer
- Fett fürs Backblech
- 1 EL flüssiger Honig
- 2 EL Tomaten-Ketchup
- 1–2 EL Ananas- oder Zitronensaft
- 1 Packung (450 g) Pommes frites
- Holzspießchen

1. Würstchen halbieren. Paprika putzen, waschen und in Stücke schneiden. Zwiebeln schälen und in Spalten schneiden. Die vorbereiteten Zutaten mit den Lorbeerblättern im Wechsel auf Spieße stecken.

2. Hähnchenflügel waschen und trockentupfen. Mit Salz und Pfeffer einreiben. Hähnchenflügel und Wurstspieße auf eine Hälfte des gefetteten Backblechs legen. Im vorgeheizten Backofen (E-Herd: 200 °C / Umluft: 175 °C/ Gas: Stufe 3) zunächst ca. 10 Minuten braten.

3. Honig, Ketchup und Ananassaft oder Zitronensaft verrühren. Die Hähnchenflügel gleichmäßig damit bestreichen.

4. Pommes frites auf der anderen Hälfte des Blechs verteilen. Alles zusammen weitere 20 Minuten backen. Evtl. zwischendurch noch einmal wenden. Dazu schmeckt ein frischer Salat aus Gurke, Mais und Kopfsalat mit Joghurt-Dressing.

Zubereitungszeit ca. 45 Min.
Pro Portion ca. 670 kcal / 2810 kJ.
E 32 g, F 37 g, KH 47 g

EXTRA-TIP

Bei größerem Appetit können Sie statt der Flügel auch die fleischigeren Hähnchenkeulen nehmen, die es häufig im Angebot gibt. Die Bratzeit erhöht sich um etwa 20 Minuten.

Zitronen-Hähnchen auf Röstgemüse

Zutaten für 4 Personen:

- 1 bratfertiges Hähnchen (ca. 1,2 kg)
- 2 unbehandelte Zitronen
- 1 TL Pfefferkörner
- 4 Wacholderbeeren
- 3 EL Öl
- Salz
- weißer Pfeffer
- 1 kg Kartoffeln
- 1 großes Bund Suppengrün
- ½–1 TL Rosmarin

1. Hähnchen waschen und mit Küchenpapier trockentupfen. In 8 Teile zerlegen.

2. Zitronen waschen. Eine Hälfte auspressen, Rest in Scheiben schneiden. Pfefferkörner und Wacholder zerstoßen. Mit 2 EL Öl und Saft verrühren, würzen. Hähnchen mit 4 EL davon bestreichen, ca. 10 Minuten ziehen lassen.

3. Kartoffeln und Suppengrün putzen, waschen und würfeln. Fettpfanne mit 1 EL Öl bestreichen. Gemüse, Kartoffeln, Zitronen und Rosmarin darauf verteilen.

4. Fettpfanne auf die 2. Schiene von unten in den heißen Backofen (E-Herd: 200 °C / Umluft: 175 °C/ Gas: Stufe 3) schieben. Hähnchen auf dem Rost darüberschieben und alles 45–50 Minuten braten.

5. Fleisch ab und zu mit übrigem Würzöl bestreichen. Das Gemüse öfter wenden und mit Salz, Pfeffer und Rosmarin abschmecken.

Zubereitungszeit ca. 1¼ Std.
Pro Portion ca. 650 kcal / 2730 kJ.
E 51 g, F 29 g, KH 41 g

EXTRA-TIP

Raffinierte Variante: Das Hähnchen mit Orangensaft und Orangenscheiben zubereiten. Abschmecken mit grünem Pfeffer, einem Schuß Cognac und evtl. 2 EL Crème fraîche.

Gefüllter Putenbraten mit Kräuter-Kruste

Zutaten für 4 Personen:

- 1 kg Putenbrust
- 4–6 Scheiben Toastbrot
- je 2 Bund Petersilie und Schnittlauch
- 2 mittelgroße Zwiebeln
- 75 g Cheddar- oder Gouda-Käse
- 2 Eier
- Salz
- weißer Pfeffer
- 1 EL Öl
- ¼ l Weißwein und ¼ l Gemüsebrühe (oder insgesamt ½ l Gemüsebrühe; Instant)
- 1 Stange Porree (Lauch)
- 4 Tomaten
- Holzspießchen und Küchengarn

1. Fleisch waschen, trockentupfen und längs eine tiefe Tasche einschneiden. Toastbrot zerbröseln. Kräuter waschen und hacken. Zwiebeln schälen und würfeln. Käse reiben. Mit Brot, Kräutern, Zwiebeln und Eiern sorgfältig vermischen und würzen.

2. ⅔ der Masse in die Putenbrust füllen. Öffnung mit Holzspießchen zustecken und mit Küchengarn kreuzweise verschnüren.

3. Den Braten in einen Bräter legen und mit Öl bestreichen. Im vorgeheizten Backofen (E-Herd: 200 °C / Umluft: 175 °C / Gas: Stufe 3) ca. 1 Stunde braten. Nach und nach Wein und Brühe bzw. nur Brühe angießen.

4. In der Zwischenzeit Gemüse putzen, waschen. Porree in Stücke, Tomaten in Spalten schneiden. Beides nach 30 Minuten zum Braten geben. Die übrige Kräutermasse ca. 20 Minuten vor Ende der Garzeit auf den Braten streichen und fertigbraten. Mit dem Gemüse anrichten. Dazu passen Salzkartoffeln oder Reis.

Zubereitungszeit ca. 1½ Std.
Pro Portion ca. 560 kcal / 2350 kJ.
E 73 g, F 15 g, KH 20 g

Indische Hähnchenteile mit Joghurt-Soße

Zutaten für 4 Personen:

- 1 Hähnchen (ca. 1 kg)
- 300 g Joghurt
- 1½ TL Zucker
- 1 Beutel (25 g) Gewürzmischung für „Hähnchen Tandoori"
- 375 g kleine Kartoffeln
- 2 Bund Lauchzwiebeln oder 1 große Stange Porree (Lauch)
- 250 g Champignons
- Fett fürs Backblech
- 1 EL Öl
- Salz
- weißer Pfeffer
- 2 TL Brühe (Instant)
- 150 g TK-Erbsen
- Curry
- evtl. Koriander oder Petersilie

1. Hähnchen waschen, mit Küchenpapier trockentupfen und in 8 Teile schneiden. 150 g Joghurt, Zucker und Gewürzmischung verrühren und über das Hähnchen geben. Zugedeckt ca. 1 Stunde ziehen lassen.

2. Kartoffeln schälen, waschen und längs halbieren. Lauchzwiebeln und Pilze putzen, waschen. Beides in Stücke schneiden.

3. Hähnchen auf einem gefetteten Backblech im vorgeheizten Backofen (E-Herd: 200 °C / Umluft: 175 °C / Gas: Stufe 3) ca. 45 Minuten goldbraun braten.

4. Öl erhitzen. Kartoffeln und Pilze anbraten, mit Salz und Pfeffer würzen. ⅜–½ l Wasser zugießen, aufkochen. Brühe einrühren und darin auflösen. Alles 15 Minuten garen. Nach ca. 5 Minuten Zwiebeln und Erbsen zufügen.

5. 150 g Joghurt mit Salz, Pfeffer und Curry würzen. Mit Hähnchen, Gemüse und Bouillon anrichten. Mit gehackten Kräutern bestreuen.

Zubereitungszeit ca. 1¼ Std.
Wartezeit ca. 1 Std.
Pro Portion ca. 470 kcal / 1970 kJ.
E 47 g, F 16 g, KH 31 g

Putenkeule aus dem Tontopf

Zutaten für 4 Personen:

- 1 Putenoberkeule (1–1,2 kg)
- schwarzer Pfeffer
- abgeriebene Schale von 1 unbehandelten Zitrone
- 4 mittelgroße Zwiebeln
- 750 g Rosenkohl
- 600 g vorwiegend festkochende Kartoffeln
- Salz
- geriebene Muskatnuß
- 1 TL Hühnerbrühe (Instant)

1. Tontopf ca. 15 Minuten wässern. Fleisch waschen und trockentupfen. Mit Pfeffer und Zitronenschale einreiben und ziehen lassen.

2. In der Zwischenzeit Zwiebeln schälen und in Spalten schneiden. Rosenkohl putzen und waschen. Kartoffeln schälen, waschen und in Stücke schneiden.

3. Zwiebeln, Rosenkohl und Kartoffeln in den Tontopf geben. Mit Salz, Pfeffer und Muskat würzen. Hühnerbrühe in 1/4 l heißem Wasser auflösen und angießen. Die Putenkeule darauflegen.

4. Zugedeckt in den kalten Backofen stellen. Bei 225 °C (Umluft: 200 °C / Gas: Stufe 4) ca. 2 Stunden braten. Nach 1 1/4 Stunden den Deckel abnehmen, damit die Keule schön knusprig wird.

Zubereitungszeit ca. 2½ Std.
Pro Portion ca. 540 kcal / 2260 kJ.
E 71 g, F 12 g, KH 33 g

Puten-Rollbraten auf Schmorgemüse

Zutaten für 4 Personen:

- 1–1,2 kg Putenbrust
- 1 Bund Petersilie
- 1 Bund Schnittlauch
- Salz
- weißer Pfeffer
- 75 g Frühstücksspeck in dünnen Scheiben
- 1 EL Butterschmalz
- ¼ l Rotwein oder Brühe
- 1 EL Hühnerbrühe (Instant)
- 750 g festkochende Kartoffeln
- 500 g Möhren
- 250 g Champignons
- 1 EL Kräuter der Provence
- Küchengarn

1. Fleisch waschen und trockentupfen. Mit einem langen Messer zu einer flachen Scheibe aufschneiden. Frische Kräuter waschen und fein schneiden.

2. Fleisch mit Salz und Pfeffer würzen. Mit den Speckscheiben belegen. Die Kräuter darüberstreuen. Fleisch fest aufrollen und mit Küchengarn zusammenbinden.

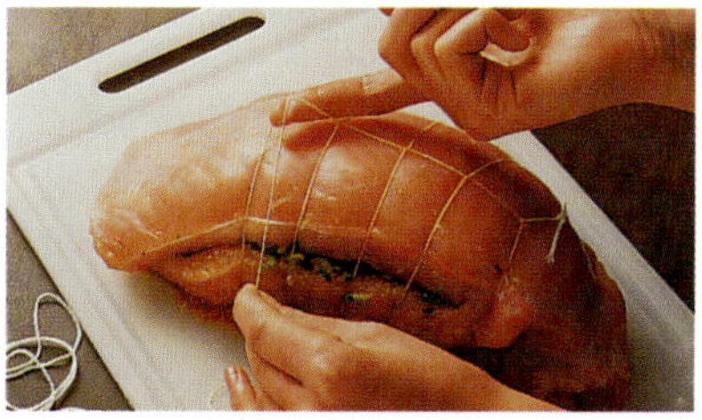

3. Fleisch auf die Fettpfanne des Backofens legen, mit zerlassenem Butterschmalz beträufeln. Wein und gut ¼ l heißes Wasser angießen. Brühe darin auflösen. Den Rollbraten im vorgeheizten Backofen (E-Herd: 200 °C/ Umluft: 175 °C / Gas: Stufe 3) 1–1¼ Stunden braten.

4. In der Zwischenzeit Kartoffeln und Möhren schälen, waschen und kleinschneiden. Pilze putzen, waschen und vierteln. Alles nach ca. 30 Minuten Bratzeit zum Fleisch geben und mit Salz, Pfeffer und Kräutern kräftig würzen.

Zubereitungszeit ca.1¾ Std.
Pro Portion ca. 630 kcal / 2640 kJ.
E 68 g, F 19 g, KH 34 g

Fisch in Bestfo

Das schmeckt nach Meer!

rm

Gratin mit Schollen-Röllchen & Lachs

Zutaten für 4 Personen:

- 750 g Kartoffeln
- 2 Zucchini (ca. 300 g)
- 2 mittelgroße Zwiebeln
- Fett für die Form
- 400 g Lachsfilet
- 4 Schollenfilets (à 75 g)
- Saft von 1 Zitrone
- Salz
- weißer Pfeffer
- 200 g Schlagsahne
- 75 g Crème fraîche
- etwas Kerbel oder Dill

1. Kartoffeln waschen. In Wasser zugedeckt ca. 20 Minuten kochen. Kartoffeln kalt abschrecken und die Schale abziehen. Die Kartoffeln abkühlen lassen.

2. Inzwischen Zucchini putzen, waschen, in Scheiben schneiden. Zwiebeln schälen und würfeln. Kartoffeln in Scheiben schneiden.

3. Eine feuerfeste Auflaufform fetten. Die Zwiebelwürfel hineinstreuen. Zucchini und Kartoffeln daraufschichten.

4. Lachsfilet von der Haut schneiden. Lachs- und Schollenfilets waschen und mit Küchenpapier trockentupfen. Lachs in Streifen schneiden. Mit Zitronensaft beträufeln, mit Salz und Pfeffer würzen. Die Schollenfilets aufrollen. Fisch auf das Gemüse legen.

5. Sahne halbsteif schlagen. Crème fraîche unterrühren. Mit Salz und Pfeffer würzen. Über den Auflauf gießen. Im vorgeheizten Backofen (E-Herd: 200 °C/ Umluft: 175 °C / Gas: Stufe 3) ca. 20 Minuten überbacken.

6. Kerbel oder Dill waschen, trockenschütteln und die Blättchen abzupfen. Vor dem Servieren über den Auflauf streuen.

Zubereitungszeit ca. 1¼ Std.
Pro Portion ca. 670 kcal / 2810 kJ.
E 40 g, F 38 g, KH 37 g

Fisch-Gemüse-Pfanne mit Rahmguß

Zutaten für 2 Personen:

- 375 g Kartoffeln
- 2 EL Öl
- 2 mittelgroße Möhren
- 1 Stange Porree (Lauch)
- ¼ l klare Brühe (Instant)
- 400 g Kabeljaufilet
- 2 EL Zitronensaft
- Fett für die Form
- Salz
- weißer Pfeffer
- 25 g Butter/Margarine
- 2 EL (30 g) Mehl
- ⅛ l Milch
- 100 g Schlagsahne
- 2–3 EL körniger Senf
- 1 Prise Zucker

1. Kartoffeln schälen, waschen und in Scheiben schneiden. Im heißen Öl rundum ca. 15 Minuten braten.

2. Gemüse schälen bzw. putzen, waschen und kleinschneiden. Brühe zum Kochen bringen, Möhren darin ca. 10 Minuten garen. Porree ca. 5 Minuten mitgaren.

3. Fisch waschen, mit Zitronensaft beträufeln. Gemüse aus der

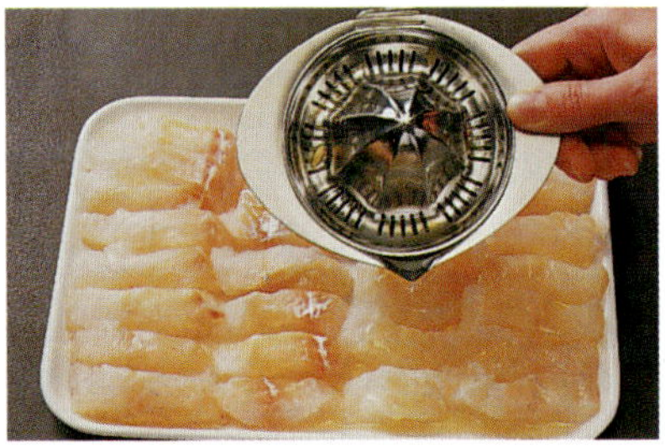

Brühe heben. Mit Kartoffeln und Fisch in eine gefettete Form geben. Mit Salz und Pfeffer würzen.

4. Fett erhitzen, Mehl darin anschwitzen. Mit Brühe, Milch und Sahne ablöschen. Mit Salz, Pfeffer, Senf und Zucker würzen. Über die Zutaten gießen. Im vorgeheizten Backofen (E-Herd: 200 °C/ Umluft: 175 °C / Gas: Stufe 3) ca. 25 Minuten goldgelb überbacken.

Zubereitungszeit ca. 45 Min.
Pro Portion ca. 390 kcal / 1630 kJ.
E 24 g, F 20 g, KH 26 g

Knoblauch-Gambas mit Salat

Zutaten für 3–4 Personen:

- 500 g Garnelen (roh, mit Schale, ohne Kopf)
- 1 Chilischote
- 2–3 Knoblauchzehen
- ½ Bund glatte Petersilie
- 100 ml + 4 EL Olivenöl
- 1 kleine Gemüsezwiebel
- 3–4 große Tomaten
- 1 kleiner Kopf Römersalat
- 4 EL Zitronensaft
- 3 EL Essig (z. B. Sherry-Essig)
- Salz
- schwarzer Pfeffer
- Zucker
- evtl. Oliven und Zitrone

1. Garnelen aus der Schale lösen. Den schwarzen Darm herausziehen.

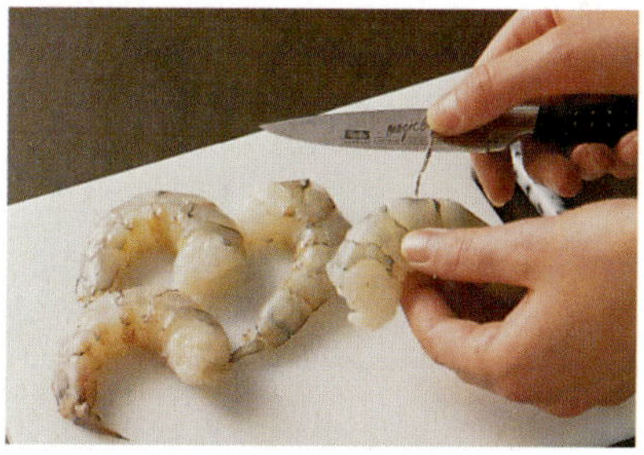

2. Chili waschen, entkernen und hacken. Knoblauch schälen und fein hacken. Petersilie waschen, Blättchen grob hacken.

3. 100 ml Öl in eine feuerfeste Form geben. Knoblauch, Chili und Garnelen hineingeben. Im vorgeheizten Backofen (E-Herd: 250 °C/ Umluft 225 °C / Gas: Stufe 4) 10–15 Minuten goldbraun backen.

4. Inzwischen für den Salat die Zwiebel schälen. Tomaten putzen und waschen. Beides in dünne Spalten schneiden. Salat putzen, waschen und in Streifen schneiden. 2 EL Zitronensaft und Essig mit Salz, Pfeffer und Zucker würzen. 4 EL Öl darunterschlagen. Mit den Salatzutaten mischen.

5. Garnelen mit Salz, Pfeffer und 2 EL Zitronensaft würzen. Petersilie darüberstreuen. Salat und Garnelen mit Oliven und Zitrone garnieren. Dazu schmeckt Weißbrot.

Zubereitungszeit ca. 30 Min.
Pro Portion ca. 380 kcal / 1590 kJ.
E 25 g, F 27 g, KH 6 g

Überbackenes Schlemmerfilet à la bordelaise

Zutaten für 3–4 Personen:

- 150 g Butter/Margarine
- 100 g Paniermehl
- 50 g Parmesan-Käse
- 300 g TK-Erbsen
- 1 Glas (580 ml) Champignons in Scheiben
- 150 g Crème fraîche
- 1 TL Speisestärke
- Salz
- schwarzer Pfeffer
- Fett für die Form
- 500 g Seelachsfilet
- ⅛ l Milch
- 1 Packung Kartoffel-Püree (3 Portionen; für ½ l Flüssigkeit)
- geriebene Muskatnuß

1. Fett schmelzen. Paniermehl und Käse hineinrühren, ca. 1 Minute köcheln lassen. Vom Herd nehmen. Erbsen unaufgetaut in 100 ml Wasser geben, 1 Minute kochen.

2. Pilze abtropfen lassen und zu den Erbsen geben. Crème fraîche, Stärke, Salz und Pfeffer verrühren, unter das Gemüse mischen. Alles in eine gut gefettete Auflaufform füllen.

3. Fisch waschen, trockentupfen und aufs Gemüse legen. Die Krustenmischung darauf verteilen. Im vorgeheizten Backofen (E-Herd: 225 °C / Umluft: 200 °C/ Gas: Stufe 4) ca. 25 Minuten goldbraun backen.

4. ⅜ l Wasser und 1 TL Salz aufkochen. Vom Herd nehmen, Milch zugießen. Kartoffel-Püree einrühren und 1 Minute quellen lassen. Kräftig durchrühren und mit Muskat abschmecken. Püree zum Schlemmerfilet servieren.

Zubereitungszeit ca. 35 Min.
Pro Portion ca. 740 kcal / 3100 kJ.
E 36 g, F 44 g, KH 46 g

Gratiniertes Seelachsfilet im Zucchini-Bett

Zutaten für 4 Personen:

- 2 mittelgroße Zucchini (ca. 500 g)
- 1 Knoblauchzehe
- Salz
- weißer Pfeffer
- 3 mittelgroße Tomaten
- 750 g Seelachsfilet
- Saft von ½ Zitrone
- 200 g Schlagsahne
- 1 EL Speisestärke
- einige Stiele Basilikum
- ½ Bund Schnittlauch
- 100 g geriebener Emmentaler-Käse
- 2 EL Paniermehl

1. Zucchini putzen, waschen, in dünne Streifen schneiden. Knoblauch schälen, hacken und daruntermischen. Würzen und in eine Auflaufform füllen. Tomaten putzen, waschen, in Scheiben schneiden.

2. Seelachs waschen, trockentupfen und in 4 Stücke schneiden. Mit Zitronensaft beträufeln und mit Salz und Pfeffer würzen.

3. Fisch und Tomaten auf die Zucchini geben. Sahne und Stärke verrühren, angießen. Kräuter waschen und fein schneiden. Mit Käse und Paniermehl mischen. Die Mischung auf die Tomaten verteilen.

4. Den Fisch im vorgeheizten Backofen (E-Herd: 200 °C / Umluft: 175 °C / Gas: Stufe 3) ca. 30 Minuten goldbraun überbacken.

Zubereitungszeit ca. 50 Min.
Pro Portion ca. 470 kcal / 1970 kJ.
E 45 g, F 25 g, KH 12 g

EXTRA-TIP

Seelachs ist gesund. Er liefert das für die Schilddrüse wichtige Jod sowie hochwertige Fettsäuren; dabei haben 100 g nur 80 Kalorien.

Fischfilet mit Sauce Hollandaise

Zutaten für 4 Personen:

- 500 g Porree (Lauch)
- Salz
- 1 kg Fischfilet (Kabeljau oder Lengfisch)
- 1 unbehandelte Zitrone
- 200 g Butter
- 3 Eigelb
- 5 EL trockener Weißwein
- weißer Pfeffer
- etwas Worcestersoße
- 2 Stiele Dill

1. Porree putzen, waschen und in feine Ringe schneiden. In Salzwasser ca. 5 Minuten blanchieren. Fischfilet waschen und trockentupfen. Zitrone halbieren. Eine Hälfte auspressen. Fisch mit 3 EL Zitronensaft beträufeln. Porree abtropfen lassen.

2. Butter zerlassen. Eigelb und Wein im heißen Wasserbad dickschaumig aufschlagen. Butter in dünnem Strahl darunterschlagen. Mit Salz, Pfeffer, Worcestersoße und Zitronensaft würzen.

3. Porree in eine feuerfeste Form füllen. Fischfilet salzen und darauflegen. Soße darüber verteilen. Im vorgeheizten Backofen (E-Herd: 175 °C / Umluft: 150 °C / Gas: Stufe 2) ca. 30 Minuten backen.

4. Dill waschen und trockenschütteln. Rest Zitrone in Scheiben schneiden. Den Fisch damit garnieren. Dazu schmecken Salzkartoffeln oder Püree.

Zubereitungszeit ca. 1 Std.
Pro Portion ca. 730 kcal / 3060 kJ.
E 59 g, F 47 g, KH 5 g

Überbackene Schollenfilets auf Spinat

Zutaten für 4 Personen:

- 1 kg Spinat
- 1 mittelgroße Zwiebel
- 1 EL Butter/Margarine
- Salz
- weißer Pfeffer
- geriebene Muskatnuß
- Fett für die Förmchen
- 2 Bund Dill
- 125 g Schlagsahne
- 1 TL Gemüsebrühe (Instant)
- 2–3 EL heller Soßenbinder
- 2–3 EL süßer Senf
- 4 Schollenfilets (ca. 750 g)
- ca. 3 EL Zitronensaft
- 150 g geräucherter Lachs in Scheiben
- Holzspießchen

1. Spinat verlesen, waschen. Zwiebel schälen, hacken und im heißen Fett andünsten. Spinat darin ca. 4 Minuten zusammenfallen lassen. Mit Salz, Pfeffer und Muskat würzen. Spinat in 4 feuerfeste Förmchen verteilen.

2. Dill waschen, fein schneiden. Sahne und ⅛ l Wasser aufkochen. Brühe einrühren, auflösen und mit Soßenbinder binden. Mit Salz und Pfeffer abschmecken. ⅓ Dill und 1 EL Senf unterrühren.

3. Schollenfilets waschen, trockentupfen und längs halbieren. Mit der Hautseite nach oben auf eine Platte legen. Mit Zitronensaft beträufeln und salzen. Jeweils mit etwas Senf bestreichen. Restlichen Dill daraufstreuen. Mit Lachs belegen. Aufrollen und mit Holzspießchen feststecken.

4. Schollenröllchen auf den Spinat setzen und mit der Soße begießen. Im vorgeheizten Backofen (E-Herd: 200 °C / Umluft: 180 °C/ Gas: Stufe 3) 20–25 Minuten goldgelb überbacken. Dazu paßt Reis.

Zubereitungszeit ca. 1 Std.
Pro Portion ca. 420 kcal / 1760 kJ.
E 47 g, F 22 g, KH 9 g

Gebackene Forellen auf Sahne-Gemüse

Zutaten für 4 Personen:

- 3–4 Möhren (ca. 375 g)
- 2–3 Zucchini (ca. 375 g)
- 250 g Champignons
- 1 mittelgroße Zwiebel
- 1 Töpfchen Kerbel
- 25 g Butter/Margarine
- 100 ml trockener Weißwein
- 125 g Schlagsahne
- 1 TL Gemüsebrühe (Instant)
- Salz
- weißer Pfeffer
- 4 küchenfertige Forellen (à ca. 300 g)
- Fett für die Form

1. Möhren, Zucchini und Pilze putzen, waschen. In dünne Scheiben schneiden. Zwiebel schälen und fein würfeln. Kerbel waschen und die Blättchen, bis auf etwas zum Garnieren, abzupfen.

2. Fett in einem Topf erhitzen. Zwiebelwürfel darin andünsten. Gemüse zufügen und kurz mit andünsten. Mit 100 ml Wasser, Wein und Sahne ablöschen, aufkochen. Brühe einrühren. Alles zugedeckt ca. 3 Minuten köcheln lassen. Kerbelblättchen, bis auf 1 EL, unterrühren. Mit Salz und Pfeffer würzen.

3. Forellen waschen, trockentupfen und mit Salz und Pfeffer würzen. ⅔ von der Gemüsemischung in eine gefettete Auflaufform geben. Forellen darauflegen und mit Rest Gemüse und Sud bedecken.

4. Die Forellen im vorgeheizten Backofen (E-Herd: 200 °C / Umluft: 175 °C / Gas: Stufe 3) 30–40 Minuten backen. Mit Rest Kerbel garnieren. Dazu passen Salzkartoffeln oder Butterreis.

Zubereitungszeit ca. 1¼ Std.
Pro Portion ca. 370 kcal / 1550 kJ.
E 35 g, F 20 g, KH 7 g

Pikant ge

Gefüllte Paprika & Tomaten mit Joghurtsoße

Zutaten für 4 Personen:

- 75 g Langkornreis
- Salz
- 2 kleine Zwiebeln
- 2–3 Knoblauchzehen
- 4 EL Öl (z. B. Olivenöl)
- 250 g Rinderhackfleisch
- schwarzer Pfeffer
- 5–7 EL trockener Weißwein
- 4 große Tomaten
- 4 kleine Paprikaschoten (z. B. je 2 türkische gelb-grüne und normale Paprikaschoten)
- 1 mittelgroße Zucchini (ca. 200 g)
- ¼ l Gemüsebrühe (Instant)
- ½ Bund Petersilie
- 1–2 EL (25 g) Pinienkerne
- 300 g Joghurt
- evtl. gemahlener Kreuzkümmel

1. Reis in gut 150 ml kochendem Salzwasser zugedeckt ca. 20 Minuten ausquellen lassen.

2. Zwiebeln und Knoblauch schälen, hacken. 1 EL Öl erhitzen. Hack darin anbraten. Zwiebeln und Hälfte Knoblauch zugeben, mit anbraten. Würzen. Mit Wein und 5 EL Wasser ablöschen, ca. 10 Minuten schmoren. Reis zufügen, weitere 3 Minuten schmoren.

3. Gemüse putzen und waschen. Von Tomaten und Paprika jeweils einen Deckel abschneiden. Fruchtfleisch der Tomaten herauslösen, Paprika entkernen. Zucchini der Länge nach halbieren. Das Fruchtfleisch herauslösen.

4. Gemüse mit der Hack-Reis-Mischung füllen, bei Tomaten und Paprika die Deckel daraufsetzen. In eine Auflaufform setzen, mit 2 EL Öl beträufeln. Brühe angießen. Im vorgeheizten Backofen (E-Herd: 200 °C / Umluft: 175 °C / Gas: Stufe 3) ca. 40 Minuten schmoren.

5. Petersilie waschen, fein hacken. Pinienkerne rösten. Joghurt, Rest Knoblauch und 1 EL Öl verrühren. Abschmecken. Gemüse mit Petersilie und Pinienkernen bestreuen. Die Soße dazureichen.

Zubereitungszeit ca. 1¼ Std.
Portion ca. 400 kcal / 1680 kJ.
E 20 g, F 23 g, KH 24 g

fülltes Gemüse

Das hat es in sich

Gratinierte Kohlrabi mit roten Linsen

Zutaten für 4 Personen:

- 4 Kohlrabi (à ca. 350 g)
- Salz
- 1 Knoblauchzehe
- 80 g rote Linsen
- 1 EL Butter/Margarine
- ½–1 TL Gemüsebrühe (Instant)
- 1 Bund Lauchzwiebeln
- weißer Pfeffer
- 150 g Crème fraîche
- 100 g mittelalter Gouda-Käse

1. Kohlrabi schälen, waschen. In ½ l Salzwasser zugedeckt ca. 15 Minuten vorkochen.

2. Inzwischen Knoblauch fein würfeln. Mit Linsen im heißen Fett andünsten. 200 ml Wasser zugießen. Alles aufkochen, Brühe einstreuen. Ca. 6 Minuten köcheln. Lauchzwiebeln putzen, waschen, in Ringe schneiden. Ein Drittel mit Linsen verrühren. Würzen.

3. Kohlrabi herausnehmen, ¼ l Kochwasser abmessen. Kohlrabi innen aushöhlen. Inneres grob

hacken. Gemüsewasser, Crème fraîche, Hälfte Kohlrabistücke und Rest Lauchzwiebeln verrühren. Würzen. Soße in eine feuerfeste Form füllen.

4. Käse reiben. Restliche Kohlrabistücke und Käse, bis auf 1 EL, mit Linsen mischen. Kohlrabi damit füllen und in die Form setzen. Mit Rest Käse bestreuen. Im vorgeheizten Backofen (E-Herd: 200 °C/ Umluft: 175 °C / Gas: Stufe 3) ca. 30 Minuten goldgelb backen.

Zubereitungszeit ca. 1½ Std.
Pro Portion ca. 320 kcal / 1340 kJ.
E 17 g, F 18 g, KH 23 g

Goldbraune Auberginen-Röllchen mit Hackfleisch

Zutaten für 4 Personen:

- 2 mittelgroße Auberginen
- Salz
- 4–6 EL Olivenöl
- 2 Knoblauchzehen
- 1 mittelgroße Zwiebel
- 400 g gemischtes Hackfleisch
- 4 Eier (Gr. M)
- weißer Pfeffer
- ½ TL gemahlener Zimt
- 1 Prise gemahlener Kardamom
- 100 ml Milch
- 150 g Greyerzer-Käse
- evtl. Oregano zum Garnieren

1. Auberginen putzen, waschen und der Länge nach in ca. ½ cm dicke Scheiben schneiden. Salzen und kurz ziehen lassen. Öl in einer weiten Pfanne erhitzen. Auberginenscheiben abtupfen und darin braun anbraten. Herausnehmen.

2. Knoblauch und Zwiebel schälen und fein würfeln. Hackfleisch, 1 Ei, Knoblauch und Zwiebel verkneten. Mit Salz, Pfeffer, Zimt und Kardamom würzen. Hackteig auf die Auberginen verteilen. Die Scheiben fest aufrollen.

3. Röllchen in eine feuerfeste Form setzen. Restliche Eier und Milch verquirlen. Mit Salz und Pfeffer würzen und über die Röllchen gießen. Käse grob reiben und darüberstreuen.

4. Die Auberginen-Röllchen im vorgeheizten Backofen (E-Herd: 200 °C / Umluft: 175 °C / Gas: Stufe 3) ca. 30 Minuten goldbraun backen. Evtl. mit gewaschenen Oreganoblättchen garnieren. Dazu schmeckt Fladenbrot.

Zubereitung ca. 1¼ Std.
Pro Portion ca. 540 kcal / 2260 kJ.
E 43 g, F 35 g, KH 9

Zucchini mit Mett-Füllung

Zutaten für 4 Personen:

- 2 mittelgroße Zwiebeln
- 1 Töpfchen/Bund Thymian
- 375 g Schweinemett
- Salz
- weißer Pfeffer
- 5–6 Zucchini (ca. 750 g)
- 5–6 dünne Scheiben (ca. 40 g) Frühstücksspeck
- 1 Knoblauchzehe
- 750 g Tomaten
- 1 Bund Petersilie
- 1 EL Olivenöl
- 2–3 EL Tomatenmark
- Edelsüß-Paprika
- Zucker

1. Zwiebeln schälen, fein würfeln. Thymian waschen, Blättchen abzupfen. Mett, Hälfte Zwiebeln und Hälfte Thymian verkneten. Mit Salz und Pfeffer kräftig würzen.

2. Zucchini putzen, waschen. Längs einen Deckel abschneiden. Inneres herauslösen. Deckel würfeln. Mett in die Zucchini füllen. Speck der Länge nach halbieren und darüberlegen.

3. Knoblauch schälen und hacken. Tomaten putzen, waschen und würfeln. Petersilie waschen und, bis auf einen Rest zum Garnieren, fein schneiden.

4. Knoblauch und Rest Zwiebeln im heißen Öl andünsten. Tomaten- und Zucchiniwürfel zufügen und etwas einkochen lassen. Tomatenmark, Rest Thymian und Petersilie unterrühren. Mit Salz, Paprika und Zucker abschmecken.

5. Soße und Zucchini in eine Auflaufform geben. Im vorgeheizten Backofen (E-Herd: 200 °C / Umluft: 175 °C / Gas: Stufe 3) ca. 30 Minuten goldgelb backen. Mit übriger Petersilie garnieren. Dazu paßt Kräuterreis.

Zubereitungszeit ca. 1 Std.
Pro Portion ca. 440 kcal / 1840 kJ.
E 27 g, F 31 g, KH 9 g

Tomaten & Champignons mit Schinken-Farce

Zutaten für 4 Personen:

- 4 große Tomaten (à 100 g)
- 8 Riesenchampignons
- 2 mittelgroße Zwiebeln
- 100 g gekochter Schinken
- 1 Bund/Topf Basilikum
- 1 EL Öl (z. B. Olivenöl)
- 100 g Frischkäse mit Kräutern
- 1 TL getrockneter Rosmarin
- Salz
- weißer Pfeffer
- 100 g Schlagsahne
- 4 EL geriebener Parmesan

1. Tomaten waschen, einen Deckel abschneiden. Inneres herauslösen. Pilze putzen, waschen. Die Stiele herausdrehen. Pilzstiele, Tomaten-

deckel und -inneres würfeln. Zwiebeln schälen und fein hacken.

2. Schinken fein würfeln. Basilikum waschen und hacken. Öl erhitzen. Ganze Pilze darin anbraten, herausnehmen. Alles beiseite stellen.

3. Zwiebeln im Bratfett andünsten. Schinken-, Tomaten- und Pilzwürfel mit andünsten, abkühlen. Frischkäse und Kräuter unterrühren. Würzen.

4. Tomaten und Pilze damit füllen. In feuerfeste Förmchen setzen. Mit Sahne begießen und mit Käse bestreuen. Im vorgeheizten Backofen (E-Herd: 200 °C / Umluft: 175 °C / Gas: Stufe 3) ca. 20 Minuten überbacken. Dazu schmeckt Baguette mit Kräuterbutter.

Zubereitungszeit ca. 45 Min.
Pro Portion ca. 360 kcal / 1510 kJ.
E 23 g, F 26 g, KH 6 g

Süße Sch

Salzburger Nockerln auf Erdbeeren

Zutaten für 4 Personen:

- 500 g Erdbeeren
- 6 EL Orangensaft
- 2 Zwiebäcke
- 1 Vanilleschote
- 4 Eier (Gr. M)
- 40 g + 1 EL Puderzucker
- 40 g Mehl

1. Erdbeeren gründlich waschen und putzen. Große Früchte vierteln, kleinere längs halbieren. Früchte mit Orangensaft beträufeln und ca. 15 Minuten ziehen lassen.

2. Inzwischen Zwiebäcke auf einer Haushaltsreibe fein reiben. Vanilleschote der Länge nach halbieren und das Mark mit dem Messerrücken herauskratzen.

3. Eier trennen. Eigelb und Vanillemark schaumig schlagen. Eiweiß sehr steif schlagen und dabei nach und nach 40 g Puderzucker zufügen. Dann den Eischnee vorsichtig unter die Eigelbmasse heben. Mehl darübersieben und mit einem Teigschaber oder Holzlöffel vorsichtig unterheben.

4. Erdbeeren in einer flachen, feuerfesten Form verteilen und mit Zwiebackkrümeln bestreuen. Ei-Schaum in dicken Nocken darauf verteilen. Im vorgeheizten Backofen (E-Herd: 175 °C/ Umluft: 150 °C / Gas: Stufe 2) ca. 30 Minuten goldbraun backen. 1 EL Puderzucker darüberstäuben und die Nockerln sofort servieren.

Zubereitungszeit ca. 1 Std.
Pro Portion ca. 250 kcal / 1050 kJ.
E 10 g, F 7 g, KH 35 g

emmereien

Warme Hauptgerichte & Desserts

Rhabarber-Mandel-Auflauf

Zutaten für 4 Personen:

- 250 g Hirse
- ½ Vanilleschote
- 1 l Milch
- 1 Prise Salz
- 2 EL (20 g) Butter/Margarine
- 750 g Rhabarber
- 3 Eier (Gr. M)
- 5–6 EL Ahornsirup oder Honig
- Fett für die Form
- 25 g Mandelblättchen

1. Hirse in ein Sieb geben und kurz heiß abspülen. Abtropfen lassen.

2. Vanilleschote der Länge nach aufschneiden, das Mark herausschaben. Milch, Salz und Fett aufkochen. Vanillemark, -schote und Hirse in die Milch geben. Unter Rühren ca. 30 Minuten bei schwacher Hitze garen und abkühlen lassen.

3. Rhabarber putzen, waschen und in ca. 3 cm lange Stücke schneiden.

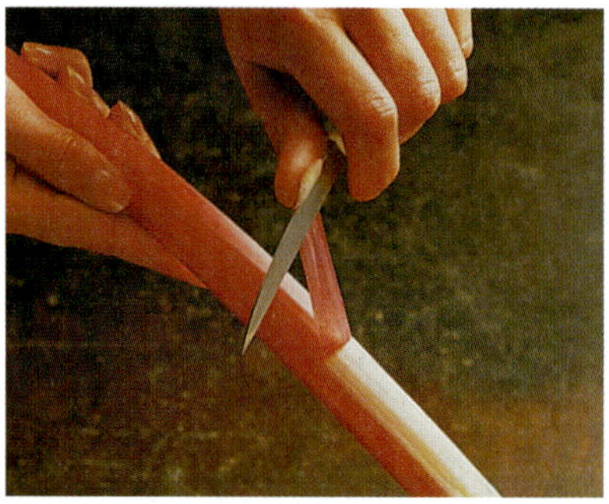

Eier trennen. Eigelb und Ahornsirup in einer Schüssel dickschaumig schlagen und unter die Hirse rühren. Eiweiß steif schlagen. Eiweiß und Rhabarber unterheben.

4. Hirsemasse in eine gefettete Auflaufform füllen. Im vorgeheizten Backofen (E-Herd: 200 °C / Umluft: 175 °C / Gas: Stufe 3) ca. 40 Minuten backen. 10 Minuten vor Ende der Backzeit die Mandelblättchen darüberstreuen.

Zubereitungszeit ca. 1½ Std.
Pro Portion ca. 590 kcal / 2470 kJ.
E 18 g, F 23 g, KH 74 g

Orangen-Quark-Gratin

Zutaten für 4 Personen:

- 2 kleine Orangen
- 1 Ei (Gr. M)
- 40 g Butter/Margarine
- 75 g Zucker
- 200 g Magerquark
- 2 EL Milch
- 2 EL gemahlene Mandeln
- Fett und Paniermehl für die Förmchen
- 2 EL Mandelblättchen
- evtl. Zitronenmelisse zum Verzieren

1. Orangen dick schälen, dabei die weiße Haut vollständig mit

entfernen. Orangen in mindestens 8 dünne Scheiben schneiden.

2. Ei trennen. Fett, Zucker und Eigelb mit den Schneebesen des Handrührgerätes schaumig schlagen. Quark, Milch und gemahlene Mandeln zufügen. Alles zu einem glatten Teig verrühren. Eiweiß steif schlagen und vorsichtig unter die Quark-Ei-Masse heben.

3. 4 kleine feuerfeste Förmchen (12 cm Ø) fetten und mit Paniermehl ausstreuen. Quarkmasse in die Förmchen füllen. Orangenscheiben darauflegen und mit den Mandelblättchen bestreuen.

4. Die Gratins im vorgeheizten Backofen (E-Herd: 200 °C / Umluft: 175 °C / Gas: Stufe 3) 20–25 Minuten backen. Die Gratins evtl. mit Zitronenmelisse verzieren und heiß servieren.

Zubereitungszeit ca. 45 Min.
Pro Portion ca. 300 kcal / 1260 kJ.
E 11 g, F 16 g, KH 26 g

Buchteln mit Obst-Kompott

Zutaten für 6 Personen:

- 20 g frische Hefe
- 1 EL + 60 g + 2 EL Zucker
- 500 g Mehl
- 1 Ei (Gr. M)
- 75 g + 40 g Butter/Margarine
- ½ l Milch
- Fett für die Form
- 1 Glas (680 ml) Sauerkirschen
- 150 g Johannisbeeren
- 2 EL Speisestärke
- 1 EL Puderzucker

1. Hefe und 1 EL Zucker verrühren. Mit Mehl, Ei, 75 g weichem Fett, ¼ l Milch und 60 g Zucker verkneten. Den Hefeteig zugedeckt an einem warmen Ort ca. 30 Minuten gehen lassen.

2. Teig nochmals kräftig durchkneten und zu etwa 15 Kugeln formen. In eine gefettete, feuerfeste Form setzen. Nochmals 15 Minuten zugedeckt gehen lassen.

3. Übrige Milch, 40 g Fett und 2 EL Zucker verrühren und erwärmen. Über die Buchteln gießen und im vorgeheizten Backofen (E-Herd: 200 °C / Umluft: 175 °C/ Gas: Stufe 3) ca. 30 Minuten goldgelb backen.

4. Inzwischen Kirschen abtropfen lassen. Saft auffangen. Beeren waschen, von den Stielen streifen. Speisestärke und 2 EL Kirschsaft verrühren. Den übrigen Saft in einem Topf aufkochen und mit der angerührten Stärke binden. Früchte unterheben. Buchteln mit Puderzucker bestäuben. Das Kompott zu den Buchteln servieren.

Zubereitungszeit ca. 2 Std.
Pro Portion ca. 720 kcal / 3020 kJ.
E 15 g, F 21 g, KH 112 g

Apfelstrudel mit Mandeln und Rosinen

Zutaten für ca. 12 Stücke:

- 75 g + 3 EL Butter
- 2 Eigelb (Gr. M)
- 250 g Mehl
- 1 Prise Salz
- 50 g gehackte Mandeln
- 100 g Rosinen
- 1 unbehandelte Zitrone
- 1 kg säuerliche Äpfel
- 75 g Zucker
- ½ TL gemahlener Zimt
- etwas Mehl
- 50 g Paniermehl
- Fett fürs Backblech

1. 75 g Butter schmelzen. Eigelb, 2 EL Butter, Mehl und Salz verrühren. Ca. ⅛ l lauwarmes Wasser einarbeiten. Kneten, bis der Teig nicht mehr am Schüsselboden klebt.

2. Teig durchkneten, bis er weich und elastisch wird. Zur Kugel formen, mit Butter bestreichen. Eine Schüssel mit kochendem Wasser ausspülen, über die Teigkugel stülpen. 30 Minuten ruhen lassen.

3. In der Zwischenzeit Mandeln rösten. Rosinen und Zitrone waschen. Zitronenschale abreiben, Saft auspressen. Äpfel in Spalten schneiden. Alles mit Zucker und Zimt mischen.

4. Teig auf einem großen, bemehlten Tuch dünn ausrollen. Zum Rechteck „ausziehen", bis er fast durchsichtig ist (ca. 45 x 50 cm). Mit 1 EL Butter bestreichen und mit Paniermehl bestreuen. Füllung darauf verteilen, dabei einen ca. 3 cm breiten Rand stehenlassen.

5. Längsränder nach innen schlagen. Von der kurzen Seite aufrollen. Auf ein gefettetes Backblech legen. Dünn mit 1 EL Butter bestreichen. Im vorgeheizten Backofen (E-Herd: 225 °C / Umluft: 200 °C / Gas: Stufe 4) ca. 40 Minuten backen, dabei öfter mit 1 EL Butter bestreichen.

Zubereitungszeit ca. 1¾ Std.
Pro Stück ca. 260 kcal / 1090 kJ.
E 4 g, F 9 g, KH 39 g

Mandarinen-Milchreis-Tarte

Zutaten für 6 Personen:

- ½ l Milch
- 1 EL + 50 g + 2 EL Zucker
- 125 g Milchreis
- 200 g Mehl
- 100 g Butter/Margarine
- 1 Prise Salz
- 3 Eier (Gr. M)
- ½ TL Backpulver
- 1 Glas (680 ml) Sauerkirschen
- 1 Dose (314 ml) Mandarin-Orangen
- ½ TL Zimt
- Fett für die Form
- 2 Päckchen Soßenpulver „Vanille-Geschmack“ (ohne Kochen; für je ¼ l)

1. Milch, 1 EL Zucker und Reis aufkochen. Zugedeckt ca. 30 Minuten quellen lassen.

2. Inzwischen Mehl, Fett, 50 g Zucker, Salz, 1 Ei und Backpulver verkneten. Kalt stellen.

3. Reis etwas abkühlen lassen. Obst abtropfen lassen, Saft auffangen. Übrige Eier trennen. Reis mit Eigelb, 2 EL Zucker und Zimt verrühren. Eiweiß steif schlagen. Mit der Hälfte Obst unterheben.

4. Teig etwas größer als die Form (26 cm Ø) ausrollen. In die gefettete Form legen und mit einer Gabel

einstechen. Reis darauffüllen. Im vorgeheizten Backofen (E-Herd: 200 °C / Umluft: 175 °C / Gas: Stufe 3) ca. 35 Minuten backen. Soßenpulver und Säfte mit verrühren. Das übrige Obst unterheben.

Zubereitungszeit ca. 1½ Std. (ohne Wartezeit). Pro Portion ca. 670 kcal / 2810 kJ. E 12 g, F 20 g, KH 107 g

Apfel-Preiselbeer-Pizza mit Mohn

Zutaten für 6 Stücke:

- 1 Glas (370 ml) Preiselbeeren im eigenen Saft
- 500 g Äpfel
- abgeriebene Schale und Saft von 1 unbehandelten Zitrone
- 3 Eier (Gr. M)
- 75 g Zucker
- 125 g Schmand oder Crème fraîche
- 1 Packung (230 g) Backmischung für „Pizzateig“
- Fett für die Form
- ⅛ l Apfelsaft
- 2 EL Mohn
- 2 EL (20 g) Puderzucker

1. Beeren in einem Sieb abtropfen. Äpfel waschen, vierteln, entkernen und in Spalten schneiden. Mit Zitronensaft beträufeln.

2. Eier und Zucker cremig rühren. Zitronenschale und Schmand oder Crème fraîche unterrühren.

3. Backmischung und ⅛ l Wasser verkneten. Teig in Größe der Form (ca. 24 cm Ø) ausrollen. In eine gefettete Springform geben, am Rand etwas hochdrücken. ⅔ Preiselbeeren und Hälfte Äpfel daraufgeben. Schmand darüber verteilen.

4. Pizza im vorgeheizten Backofen (E-Herd: 200 °C / Umluft: 175 °C/ Gas: Stufe 3) ca. 30 Minuten backen. Restliche Äpfel im Apfelsaft ca. 3 Minuten dünsten. Rest Preiselbeeren und Mohn zufügen. Pizza mit Puderzucker bestäuben. Die Äpfel dazu servieren.

Zubereitungszeit ca. 50 Min.
Pro Stück ca. 420 kcal / 1760 kJ.
E 8 g, F 15 g, KH 60 g

EXTRA-TIP

Diese süße Pizza ist auch mit Heidelbeeren sehr lecker. Sie benötigen 1 Glas (370 ml) oder 250 g frische Früchte.

Apfel-Quark-Auflauf

Zutaten für 4 Personen:

- **2 große Äpfel (ca. 500 g; z. B. Boskop)**
- **abgeriebene Schale und Saft von 1 unbehandelten Zitrone**
- **3 Eier (Gr. M)**
- **75 g Butter/Margarine**
- **75 g Zucker**
- **500 g Magerquark**
- **75 ml Milch**
- **50 g Grieß**
- **1 EL Mehl**
- **1 Päckchen Vanillin-Zucker**
- **Fett und Paniermehl für die Form**
- **2 EL Mandelblättchen**
- **2 EL Aprikosenkonfitüre**
- **evtl. 1 EL brauner Zucker**

1. Äpfel schälen, vierteln, entkernen und auf der gewölbten Seite der Länge nach einschneiden. Mit Zitronensaft beträufeln.

2. Eier trennen. Fett, Eigelb und Zucker cremig schlagen. Zitronenschale, Quark, Milch, Grieß und Mehl unterrühren. Eiweiß und Vanillin-Zucker steif schlagen. Unter die Quarkcreme heben.

3. Quark in eine gefettete, mit Paniermehl ausgestreute Auflaufform (ca. 32 cm Ø) füllen. Die Äpfel daraufsetzen und mit Mandelblättchen bestreuen.

4. Im vorgeheizten Backofen (E-Herd: 175 °C / Umluft: 150 °C/ Gas: Stufe 2) ca. 45 Minuten backen. Konfitüre erwärmen und nach ca. 35 Minuten auf den Auflauf streichen. Mit Zucker bestreuen und zu Ende backen.

Zubereitungszeit ca. 1¼ Std.
Pro Portion ca. 550 kcal / 2310 kJ.
E 26 g, F 25 g, KH 52 g

EXTRA-TIP

Besonders köstlich schmeckt dieser Auflauf, wenn Sie ihn mit Vanilleeis oder etwas Schlagsahne, die mit Vanillezucker gesüßt ist, servieren.

Pflaumen-Auflauf mit Rahmguß

Zutaten für 4–6 Personen:

- 250 g Mehl
- ½ Päckchen Trockenhefe
- 3 EL Zucker
- 1 Prise Salz
- 40 g Butter/Margarine
- 6 Eier (Gr. M)
- ⅛ l lauwarme Milch
- 1 Glas (720 ml) Pflaumen
- 1–2 EL Speisestärke
- Fett für die Form
- 150 g Pflaumenmus
- 4 EL Puderzucker
- evtl. 2 EL Rum
- 400 g Schlagsahne

1. Mehl und Hefe mischen. Zucker, Salz, Fett in Flöckchen, 1 Ei und Milch zufügen. Alles glatt verkneten. Den Hefeteig zugedeckt an einem warmen Ort ca. 20 Minuten gehen lassen.

2. Pflaumen abtropfen lassen, Saft dabei auffangen. Saft und ¼ l Wasser aufkochen. Stärke und 3 EL Wasser verrühren. Saft damit binden. Pflaumen in Spalten schneiden und zufügen. Das Kompott abkühlen lassen.

3. Teig nochmals gut durchkneten. In eine gefettete Auflaufform (ca. 25 x 35 cm) drücken und am Formrand hochziehen. Pflaumenmus auf den Teig streichen.

4. 5 Eier trennen. Eigelb, 3 EL Puderzucker und Rum cremig rühren. Eiweiß und Sahne getrennt steif schlagen, unterheben. In die Form gießen. Im vorgeheizten Backofen (E-Herd: 175 °C / Umluft: 150 °C/ Gas: Stufe 2) ca. 50 Minuten backen. Mit 1 EL Puderzucker bestäuben. Das Pflaumen-Kompott dazureichen.

Zubereitungszeit ca. 1½ Std.
Pro Portion ca. 690 kcal / 2890 kJ.
E 15 g, F 33 g, KH 75 g

Goldbrauner Kirschenmichel

Zutaten für 4–6 Personen:

- 1 Glas (720 ml) Sauerkirschen
- 4 Brötchen vom Vortag
- ⅛ l Milch
- 100 g weiche Butter/Margarine
- 100 g Zucker
- 1 Päckchen Vanillin-Zucker
- 1 Prise Salz
- 4 Eier (Gr. M)
- 50 g gehackte Mandeln
- abgeriebene Schale von 1 unbehandelten Zitrone
- Fett und Paniermehl für die Form
- 1 EL Puderzucker

1. Kirschen abtropfen lassen. Brötchen würfeln und in der Milch kurz einweichen.

2. Inzwischen Fett, Zucker, Vanillin-Zucker und Salz schaumig rühren. Eier trennen. Eigelb einzeln unterrühren. Brötchen, Mandeln und Zitronenschale unterrühren. Eiweiß steif schlagen und unterheben.

3. Eine hohe Auflaufform fetten, mit Paniermehl ausstreuen. Teig und Kirschen hineinfüllen, die Oberfläche glattstreichen. Im vorgeheizten Backofen (E-Herd: 200 °C / Umluft: 175 °C / Gas: Stufe 3) ca. 45 Minuten goldbraun backen. Den Kirschenmichel dick mit Puderzucker bestäuben.

Zubereitungszeit ca. 1¼ Std.
Pro Portion ca. 710 kcal / 2980 kJ.
E 15 g, F 35 g, KH 78 g

Nuß-Nudel-Auflauf mit Schokosoße

Zutaten für 4 Personen:

- 250 g Bandnudeln
- Salz
- 3 Eier
- 1 EL Speisestärke
- 1 Päckchen Vanillin-Zucker
- 1 EL Zucker
- ½ l + ¼ l Milch
- abgeriebene Schale von ½ unbehandelten Zitrone
- Fett für die Form
- 100 g Studentenfutter (Nuß-Rosinen-Mischung)
- 100 g Schlagsahne
- 100 g Vollmilch-Schokolade

1. Nudeln in reichlich Salzwasser ca. 10 Minuten kochen. Eier, Stärke, Vanillin-Zucker, Zucker, ½ l Milch und Zitronenschale verrühren.

2. Nudeln abgießen und evtl. mit warmem Wasser abspülen. Auf

einem Sieb abtropfen lassen. Eine flache Auflaufform fetten. Nudeln in die Form geben und mit der Vanille-Eier-Milch übergießen. Den Nudel-Auflauf im vorgeheizten Backofen (E-Herd: 200 °C / Umluft: 175 °C / Gas: Stufe 3) ca. 30 Minuten goldgelb backen.

3. Studentenfutter grob hacken. 15 Minuten vor Ende der Garzeit je 1 EL auf die Nudelnester verteilen. Evtl. mit Pergamentpapier abdecken.

4. ¼ l Milch und Sahne erwärmen. Schokolade grob zerbrechen und darin schmelzen. Schokoladensoße abkühlen lassen und zum Nudel-Auflauf servieren.

Zubereitungszeit ca. 1 Std.
Pro Portion ca. 710 kcal / 2980 kJ.
E 21 g, F 32 g, KH 79 g

Apfel-Vanille-Gratin mit Rum-Rosinen

Zutaten für 6–8 Personen:

- 75 g Rosinen
- 3 EL Rum
- 6 kleine Äpfel (ca. 750 g)
- abgeriebene Schale und Saft von 1 unbehandelten Zitrone
- 125 g Butter/Margarine
- 50 g Zucker
- 1 Päckchen Vanillin-Zucker
- 2 Eier (Gr. M)
- 100 g gemahlene Mandeln
- ½ TL Zimt
- Fett für die Förmchen
- 2 EL Puderzucker

1. Rosinen waschen, mit Rum mischen und kurz ziehen lassen. Äpfel waschen. 5 Äpfel vierteln, entkernen und in Spalten schneiden. Aus dem restlichen Apfel das Kerngehäuse ausstechen. Apfel in Ringe schneiden. Alle Äpfel sofort mit Zitronensaft beträufeln.

2. Fett, Zucker, Zitronenschale und Vanillin-Zucker schaumig rühren. Eier trennen. Eigelb, Mandeln und Zimt unterrühren. Eiweiß steif schlagen und unterheben.

3. Apfelspalten fächerförmig in 6–8 feuerfeste gefettete Förmchen (ca. 15 cm Ø) legen. Rosinen darüberstreuen. Teig daraufstreichen. Apfelringe in die Mitte legen und leicht eindrücken.

4. Im vorgeheizten Backofen (E-Herd: 200 °C / Umluft: 175 °C/ Gas: Stufe 3) ca. 20 Minuten backen. Mit Puderzucker bestäuben. Dazu schmeckt Vanillesoße.

Zubereitungszeit ca. 40 Min.
Pro Portion ca. 390 kcal / 1630 kJ.
E 5 g, F 26 g, KH 27 g

EXTRA-TIP

- *Backen Sie das Gratin mit säuerlichen Äpfeln wie Cox Orange, Boskop oder Elstar.*
- *Falls Sie keine kleinen Formen haben, nehmen Sie 2 große von ca. 28 cm Ø.*

Kirsch-Auflauf mit Schoko-Nuß-Baiser

Zutaten für 4–6 Personen:

- 1 l Milch
- 1 Prise Salz
- 250 g Milchreis
- 1 Glas (720 ml) Kirschen
- 1–2 EL (20 g) Speisestärke
- 30 g + 30 g + 100 g Zucker
- 4 Eier (Gr. M)
- 50 g weiche Butter
- einige Tropfen Butter-Vanille-Aroma
- Fett für die Form
- 2 TL Zitronensaft
- 20 g Haselnußblättchen
- 50 g Schokoladen-Raspel

1. Milch und Salz in einem Topf aufkochen. Reis hineinschütten, einmal umrühren und bei schwacher Hitze ca. 30 Minuten ausquellen lassen. Anschließend abkühlen lassen.

2. Kirschen abtropfen lassen, den Saft dabei auffangen. Stärke und etwas Saft glattrühren. Den restlichen Saft und 30 g Zucker in einem Topf aufkochen. Die angerührte Stärke einrühren und nochmals aufkochen. Kirschen unterheben. Das Kompott abkühlen lassen.

3. Eier trennen. Fett und 30 g Zucker mit den Schneebesen cremig rühren. Eigelb und Aroma zufügen und schaumig rühren. Reis portionsweise unterrühren.

4. Reis in eine gefettete Auflaufform füllen. Kompott darauf verteilen. Im vorgeheizten Backofen (E-Herd: 200 °C / Umluft: 175 °C/ Gas: Stufe 3) 25–30 Minuten goldgelb backen.

5. Eiweiß steif schlagen, 100 g Zucker einrieseln lassen und Zitronensaft unterrühren. Eischnee auf dem Auflauf verteilen. Nußblättchen und Schoko-Raspel darüberstreuen. Den Auflauf bei gleicher Temperatur ca. 10 Minuten weiterbacken.

Zubereitungszeit ca. 1½ Std. (ohne Wartezeit).
Pro Portion ca. 640 kcal / 2680 kJ.
E 15 g, F 22 g, KH 92 g

Crêpes-Röllchen mit Eierguß

Zutaten für 4 Personen:

- 4 Eier (Gr. M)
- 300 ml Milch
- 1 Prise Salz
- 250 g Mehl
- 1 Msp. Backpulver
- 4 TL Butter/Margarine
- 1 Glas (200 g) gekühlter Fruchtaufstrich „Kirsche" oder Kirsch-Konfitüre
- Fett für die Form
- 100 g Schlagsahne
- 1 Päckchen Vanillin-Zucker
- 2 EL Mandelblättchen
- 1 EL Puderzucker
- evtl. Zitronenmelisse

1. Für den Teig 3 Eier, Milch und Salz glatt verrühren. Mehl und Backpulver unterrühren. Den Crêpe-Teig mindestens 10 Minuten quellen lassen.

2. Fett portionsweise erhitzen. Aus dem Teig darin nacheinander 4 Pfannkuchen backen. Mit je

1 EL Fruchtaufstrich oder Konfitüre bestreichen, aufrollen und schräg in Scheiben schneiden.

3. Eine flache Auflaufform mit Fett ausstreichen. Die Röllchen hineinsetzen. Sahne angießen. 1 Ei trennen. Eigelb und Vanillin-Zucker cremig rühren. Eiweiß sehr steif schlagen und unter die Eigelb-Zucker-Masse heben. Auf den Pfannkuchen verteilen. Mit Mandelblättchen bestreuen.

4. Die Crêpe-Röllchen im vorgeheizten Backofen (E-Herd: 225 °C/ Umluft: 200 °C / Gas: Stufe 4) 8–10 Minuten backen. Puderzucker darüberstäuben und evtl. mit Zitronenmelisse verzieren. Den übrigen Fruchtaufstrich oder Konfitüre dazureichen.

Zubereitungszeit ca. 50 Min.
Pro Portion ca. 690 kcal / 2890 kJ.
E 18 g, F 29 g, KH 84 g

Rezept-Register

kochen & genießen: Basis-Bibliothek

Die Basis-Kochbibliothek bietet auf fast 200 Seiten eine Riesenauswahl an tollen Rezepten rund ums Kochen und Backen. Alle Rezepte sind von der Redaktion der Zeitschrift **kochen & genießen** zusammengestellt und sorgfältig getestet.

Jeder Band
192 Seiten, Hardcover
mit zahlreichen Farbfotos
Großformat 21,0 × 28,0 cm
€ 10,95 / sfr 19,90

Nudel-Hits
ISBN 978-3-86803-403-5

30-Minuten-Küche
ISBN 978-3-927801-50-9

Die Erfolgsreihe:
über 2,8 Millionen
verkaufte Exemplare

Weitere lieferbare Titel:

Aufläufe und Gratins
ISBN 978-3-86803-418-9

Backen
ISBN 978-3-86803-401-1

Backen für Advent & Weihnachten
ISBN 978-3-86803-402-8

Die neue Gemüseküche
ISBN 978-3-8118-1587-2

Fischgerichte für Genießer
ISBN 978-3-8118-1925-2

Für Gäste
ISBN 978-3-8118-1538-4

Geflügel
ISBN 978-3-8118-1532-2

Köstliche Kuchen & Torten
ISBN 978-3-86803-257-4

Köstliche Ofen-Hits
ISBN 978-3-8118-1531-5

Köstliche Party-Hits
ISBN 978-3-8118-1926-9

Köstliches aus der Pfanne
ISBN 978-3-8118-1539-1

Mal ganz ohne Fleisch
ISBN 978-3-8118-1412-7

Neue Ofen-Hits
ISBN 978-3-86803-195-9

Noch mehr Rezepte für Ihre Party
ISBN 978-3-8118-1771-5

Ohne Fleisch genießen
ISBN 978-3-86803-194-2

Salate
ISBN 978-3-8118-1769-2

Torten-Hits
ISBN 978-3-86803-258-1

Weihnachtsbäckerei
ISBN 978-3-8118-1717-3

MOEWIG

Überall erhältlich, wo es gute Bücher gibt!